RECUEIL

DES

INSCRIPTIONS PARISIENNES

TOUS DROITS RÉSERVÉS

VILLE DE PARIS

RECUEIL
DES
INSCRIPTIONS PARISIENNES

PUBLIÉ PAR LES SOINS DU SERVICE DES TRAVAUX HISTORIQUES

1881-1891

TEXTE ÉDITÉ ET ANNOTÉ

PAR

PAUL LE VAYER

INSPECTEUR DES TRAVAUX HISTORIQUES

PARIS
IMPRIMERIE NOUVELLE (ASSOCIATION OUVRIÈRE)
11, RUE CADET, 11

1891

ORGANISATION

DU

COMITÉ DES INSCRIPTIONS PARISIENNES

DIRECTION
DES
TRAVAUX DE PARIS

SERVICE
DES
BEAUX-ARTS
ET DES
TRAVAUX HISTORIQUES

COMITÉ
DES
INSCRIPTIONS PARISIENNES

RÉPUBLIQUE FRANÇAISE

LIBERTÉ, ÉGALITÉ, FRATERNITÉ

PRÉFECTURE DE LA SEINE

Le Sénateur, Préfet de la Seine,

Considérant qu'un grand nombre de voies publiques, monuments, habitations, etc., de la Ville de Paris, rappellent des souvenirs locaux qu'il importe de conserver et de perpétuer au point de vue de l'histoire, de l'art, de la science ou dans l'intérêt de l'instruction populaire et du développement des sentiments civiques et patriotiques ;

Considérant qu'il convient, dans ce but, de faire préparer par une commission spéciale composée d'hommes compétents, adonnés à l'étude de l'archéologie parisienne, un système de monuments, de plaques commémoratives, inscriptions ou indications quelconques, destinés à rappeler les événements et les hommes dont le souvenir se rattache à l'histoire de la Ville de Paris ;

Considérant, en outre, qu'il convient de constituer cette commission sur des bases assez larges pour qu'elle puisse se subdiviser en sous-commissions, dont chacune serait chargée d'études distinctes se rapportant soit à un quartier spécial, soit à une catégorie déterminée de recherches.

ARRÊTE :

Article premier. — Il est institué à la Préfecture de la Seine une commission administrative qui portera le nom de *Comité des inscriptions parisiennes*.

Ce Comité est chargé de toutes les études et recherches ayant pour objet de fixer et de perpétuer le souvenir des faits et des hommes dont l'histoire se lie à celle de la Ville de Paris.

Les travaux de ce Comité seront soumis au Préfet pour servir à l'étude des propositions qu'il y aurait lieu de présenter au Conseil municipal.

Art. 2. — Le Comité réglera lui-même son organisation intérieure et fixera l'ordre de ses travaux.

Art. 3. — Il pourra être consulté soit par le Conseil municipal, soit par l'Administration, sur toutes les questions historiques se rapportant à la Ville de Paris dont l'étude paraîtrait nécessaire.

Art. 4. — Le Préfet de la Seine, le Président du Conseil municipal, le Secrétaire général de la Préfecture, le Directeur des Travaux de Paris, le Directeur de l'Enseignement primaire, le Chef de la division des Beaux-Arts à la Préfecture pourront assister aux séances du Comité et participer à ses travaux.

Il en sera de même des personnes que le Comité désignerait pour un travail ou pour une série de travaux déterminés.

Art. 5. — Sont nommés membres du Comité des Inscriptions parisiennes :

MM.

Henri Martin, Sénateur, membre de l'Académie française et de l'Académie des Sciences morales et politiques ;
Léopold Delisle, membre de l'Académie des Inscriptions et Belles-Lettres, administrateur général directeur de la Bibliothèque nationale ;
Gréard, membre de l'Académie des Sciences morales et politiques, vice-recteur de l'Académie de Paris ;
Picot, membre de l'Académie des Sciences morales et politiques ;
Ballu, membre de l'Académie des Beaux-Arts, architecte en chef de l'Hôtel de Ville ;
Garnier, membre de l'Académie des Beaux-Arts, architecte de l'Opéra et du Conservatoire de Musique ;
Jules Quicherat, directeur de l'École des Chartes ;
Cocheris, inspecteur général de l'Instruction publique ;
Bœswillwald, inspecteur général des Monuments historiques ;
Paul Lacroix, conservateur de la Bibliothèque de l'Arsenal ;
Franklin, conservateur de la Bibliothèque Mazarine ;
Anatole de Montaiglon, professeur à l'École des Chartes ;
Jules Cousin, bibliothécaire de la Ville de Paris ;
Henri Bordier, membre de la Société des Antiquaires de France ;
Jules Guiffrey, archiviste aux Archives nationales ;
Auguste Longnon, archiviste aux Archives nationales ;
Charles Nuitter, archiviste de l'Opéra ;
Monval, archiviste du Théâtre-Français ;
Adolphe Joanne, publiciste ;
Edgar Mareuse, publiciste ;
Lecanu, avocat à la Cour d'appel de Paris ;
Hochereau, conservateur du Plan de Paris ;
Tisserand, inspecteur principal des Publications historiques de la Ville de Paris ;
Saint-Joanny, chef du bureau des Archives à la Préfecture de la Seine ;
Vacquer, architecte-archéologue du service des Publications historiques de la Ville de Paris.

Art. 6. — Le Directeur des Travaux est chargé de l'exécution du présent arrêté, qui sera inséré au Recueil des actes administratifs de la Préfecture de la Seine.

Fait à Paris, le 10 mars 1879.

Signé : F. Herold.

COMITÉ DES INSCRIPTIONS PARISIENNES

(1er JANVIER 1891)

MM.

BOESWILLWALD (Emile), C. ✻, inspecteur général des Monuments historiques.
BRIÈLE (Léon-Arsène), I. ✣, archiviste-bibliothécaire de l'Assistance publique.
COUSIN (Jules), ✻, conservateur de la Bibliothèque et des collections historiques de la Ville de Paris.
DARCEL (A.), O. ✻, directeur du Musée des Thermes et de l'Hôtel de Cluny.
DELISLE (Léopold-Victor), C. ✻, I. ✣, membre de l'Académie des Inscriptions et Belles-Lettres, administrateur général directeur de la Bibliothèque nationale.
DEVILLE (Adrien-Albert-François LOISELEUR DES LONGSCHAMPS-), ✻, chef de division à la Préfecture de la Seine.
DU SEIGNEUR (Maurice), A. ✣, architecte-archéologue.
FRANKLIN (Alfred), ✻, administrateur de la Bibliothèque Mazarine.
GARNIER (Jean-Louis-Charles), O. ✻, membre de l'Académie des Beaux-Arts, architecte de l'Opéra et du Conservatoire national de Musique.
GRÉARD (Octave-Joseph-Valéry), G. O. ✻, I. ✣, membre de l'Académie française et de l'Académie des Sciences morales et politiques, vice-recteur de l'Académie de Paris.
GUIFFREY (Jules), ✻, I. ✣, archiviste aux Archives nationales.
HOCHEREAU (Emile), ✻, conservateur du Plan de Paris.
HOFFBAUER (Frédéric), A. ✣, architecte.
LACOMBE (Paul), archéologue.
LAMOUROUX (Alfred-Martial), membre du Conseil municipal.
LASTEYRIE (Robert-Charles DE), ✻, I. ✣, membre de l'Académie des Inscriptions et Belles-Lettres, professeur à l'École des Chartes.
LECANU (Louis-Alphonse), A. ✣, juge de paix du VIe arrondissement de Paris.
LONGNON (Auguste), ✻, I. ✣, membre de l'Académie des Inscriptions et Belles-Lettres, sous-chef de section aux Archives nationales.
MAREUSE (Edgar), I. ✣, publiciste.
MÉNORVAL (Eugène DE LA GOUBLAYE DE), I. ✣, publiciste.
MONTAIGLON (Anatole DE), ✻, A. ✣, professeur à l'École des Chartes.
MONVAL, G. ✣, archiviste-bibliothécaire du Théâtre-Français.
PICOT (Georges-Marie-René), membre de l'Académie des Sciences morales et politiques.
TISSERAND (Lazare-Maurice), I. ✣, inspecteur principal honoraire des Publications historiques de la Ville de Paris.
VACQUER (Louis-Théodore), sous-conservateur des Collections archéologiques de la Ville de Paris.

Peuvent assister aux séances et prendre part aux travaux :

Le Préfet de la Seine.
Le Président du Conseil municipal.
Le Secrétaire général de la Préfecture de la Seine.
Le Directeur des Travaux de Paris.
Le Directeur de l'Enseignement primaire.
L'Inspecteur en chef des Beaux-Arts et Travaux historiques.
L'Architecte de l'Administration centrale de la Préfecture de la Seine.

BUREAU

Président :

Léopold-Victor Delisle.

Vice-présidents :

Jules Guiffrey. — Jules Cousin.

Secrétaire :

Edgar Mareuse.

Secrétaire adjoint :

Paul le Vayer.

SOUS-COMMISSIONS

INSCRIPTIONS ANCIENNES	INSCRIPTIONS NOUVELLES	NOMENCLATURE TOPOGRAPHIQUE	EXÉCUTION
DELISLE (L.), *président*.	COUSIN (J.), *président*.	MONTAIGLON (A. de), *président*.	HOCHEREAU (E.), *président*.
MONVAL, *secrétaire*.	LACOMBE (P.), *secrétaire*.	GUIFFREY (J.), *secrétaire*.	MAREUSE, *secrétaire*.
FRANKLIN (A.).	DU SEIGNEUR.	COUSIN (J.).	BŒSWILLWALD (E.)
HOFFBAUER.	GUIFFREY (J.).	DEVILLE (A.)	BOUVARD (J.-A.).
LASTEYRIE (R. de).	LECANU.	FRANKLIN (A.).	DU SEIGNEUR.
LE VAYER (P.).	MAREUSE.	LONGNON (A.).	GARNIER (Ch.).
LONGNON (A.).	MÉNORVAL (E. de).	MAREUSE.	HOFFBAUER.
MAREUSE.	MONTAIGLON (A. de).	TISSERAND (L.-M.).	MONTAIGLON (A. de).
TISSERAND (L.-M.).	RENAUD (A.).	VACQUER.	VACQUER.
VACQUER.	VACQUER.		

Service administratif :

M. Armand Renaud, Inspecteur en chef des Beaux-Arts et Travaux historiques.

Service technique :

M. Bouvard, Architecte de l'Administration centrale de la Préfecture de la Seine.

INSCRIPTIONS PARISIENNES

1881-1891

LE PARLOIR

AUX BOURGEOIS

LE PARLOIR AUX BOURGEOIS
Angle des rues Soufflot
et Victor-Cousin

ICI ÉTAIT ANCIENNEMENT SITUÉ

LE PARLOIR AUX BOURGEOIS

LE PRÉFET DE LA SEINE

DÉFÉRANT AU VOEU

DES CONSEILLERS MUNICIPAUX

DE LA VILLE DE PARIS

A FAIT POSER EN MDCCCLXXVII

CETTE INSCRIPTION

SUR L'EMPLACEMENT DE L'ÉDIFICE

OU SIÉGEAIENT

LEURS PRÉDÉCESSEURS

ANCIENNE
SALLE DU MANÈGE

ANCIENNE SALLE DU MANÈGE
où fut proclamée la République en 1792
Rue de Rivoli, sur un des pilastres
de la grille du jardin des Tuileries

SUR CET EMPLACEMENT
AVANT L'OUVERTURE DE LA RUE DE RIVOLI
S'ÉLEVAIT LA SALLE DU MANÈGE
OÙ SIÉGÈRENT SUCCESSIVEMENT
L'ASSEMBLÉE CONSTITUANTE
DU 1ᵉʳ NOVEMBRE 1789 AU 30 SEPTEMBRE 1791
L'ASSEMBLÉE LÉGISLATIVE
DU 1ᵉʳ OCTOBRE 1791 AU 20 SEPTEMBRE 1792
LA CONVENTION NATIONALE
DU 21 SEPTEMBRE 1792 AU 9 MAI 1793
ET OÙ FUT INSTITUÉE LA RÉPUBLIQUE
LE 21 SEPTEMBRE 1792

BAUDIN

MAISON DEVANT LAQUELLE EST TOMBÉ BAUDIN
151, RUE DU FAUBOURG-SAINT-ANTOINE

BAUDIN
151, rue du Faubourg-Saint-Antoine

DEVANT CETTE MAISON
EST TOMBÉ GLORIEUSEMENT
JEAN-BAPTISTE-ALPHONSE-VICTOR BAUDIN
REPRÉSENTANT DU PEUPLE POUR LE DÉPARTEMENT DE L'AIN
TUÉ LE 3 DÉCEMBRE 1851 EN DÉFENDANT
LA LOI ET LA RÉPUBLIQUE

Délibération du Conseil Municipal de Paris, du 14 mai 1878.
Décret du Président de la République, du 25 mars 1879.

PIÈCE JUSTIFICATIVE

PRÉFECTURE DU DÉPARTEMENT DE LA SEINE

RECONSTITUTION DES ACTES DE L'ÉTAT CIVIL

(Loi du 12 février 1872)

ACTE DE DÉCÈS

EXTRAIT du registre des actes de décès du IIe arrondissement de Paris, année 1851.

BAUDIN
JEAN-BAPTISTE-
ALPHONSE-VICTOR

Du jeudi quatre décembre mil huit cent cinquante-un, dix heures et demie du matin, acte de décès de JEAN-BAPTISTE-ALPHONSE-VICTOR BAUDIN, docteur en médecine ex-représentant du peuple, âgé de trente-neuf ans, né à Nantua (Ain), décédé hier à neuf heures et demie du matin environ, rue du faubourg-Saint-Antoine, et transporté en son domicile, rue de Clichy, n° 88; célibataire, fils de PIERRE-CAMILLE BAUDIN, docteur en médecine, et de feue BARBE dont les prénoms sont ignorés des témoins soussignés; ledit acte dressé en présence et sur la déclaration de MM. JOSEPH-CAMILLE-MARIE BAUDIN, étudiant en médecine, âgé de vingt-quatre ans, demeurant à Paris, rue des Grés, n° 22, frère du défunt, et GEORGES-FRANÇOIS-EDMOND RUEL DE FORGE, ancien sous-commissaire du gouvernement provisoire, ancien sous-préfet, âgé de trente-sept ans, demeurant même maison, témoins qui ont signé avec nous, STÉPHANE GAJOT DE MONTFLEURY, adjoint au maire, après lecture faite et le décès constaté suivant la loi.

Signé au registre : BAUDIN, RUEL DE FORGE et S. DE MONTFLEURY.

Délivré conforme au registre, par nous, maire du second *(sic)* arrondissement de Paris, ce treize décembre mil huit cent cinquante-un. Signé : PATURAL.

Admis par la Commission, loi du 12 février 1872.
Le Membre de la Commission : Signé, BARROUX.

POUR EXPÉDITION CONFORME :
Paris, le vingt mars mil huit cent quatre-vingt-neuf.

L'Archiviste de la Seine,
Signé : G. SAINT-JOANNY

LA BASTILLE

LA BASTILLE
3, place de la Bastille

PLAN DE LA BASTILLE

COMMENCÉE EN 1370

PRISE PAR LE PEUPLE

LE 14 JUILLET 1789

ET RASÉE LA MÊME ANNÉE

(Plan)

LE PÉRIMÈTRE DE LA FORTERESSE

EST TRACÉ SUR LE SOL DE CETTE PLACE

(14 JUILLET 1880)

LA BASTILLE
232, rue Saint-Antoine

ICI ÉTAIT L'ENTRÉE DE L'AVANT-COUR

DE LA BASTILLE

PAR LAQUELLE LES ASSAILLANTS PÉNÉTRÈRENT

DANS LA FORTERESSE

LE 14 JUILLET 1789

CONDORCET

MAISON OÙ CONDORCET A COMPOSÉ SON DERNIER OUVRAGE
15, RUE SERVANDONI

CONDORCET
15, rue Servandoni

EN 1793 ET 1794
CONDORCET
PROSCRIT

TROUVA UN ASILE DANS CETTE MAISON

OÙ IL COMPOSA SA DERNIÈRE OEUVRE

L'ESQUISSE

DES PROGRÈS DE L'ESPRIT HUMAIN

ROUGET DE LISLE

MAISON OÙ EST MORT ROUGET DE LISLE
6, RUE DES VERTUS, CHOISY-LE-ROI (SEINE)

ROUGET DE LISLE
6, rue des Vertus
Choisy-le-Roi (Seine)

L'AUTEUR DE *LA MARSEILLAISE*

CLAUDE-JOSEPH ROUGET DE LISLE

NÉ A LONS-LE-SAULNIER LE 10 MAI 1760

EST MORT DANS CETTE MAISON

27 JUIN 1836

PIÈCES JUSTIFICATIVES

I

EXTRAIT des registres des actes de l'état civil de Lons-le-Saulnier (Jura).

Le dix may mil sept cent soixante est né et a été baptisé CLAUDE-JOSEPH, fils du sieur CLAUDE-IGNACE ROUGET, avocat en Parlement, et de dame JEANNE-MADELEINE GAILLANDE, mariés. Lequel a eu pour parrain le sieur CLAUDE-JOSEPH GAILLANDE, prêtre, docteur en Sorbonne, son oncle, et pour marraine dame CLAUDINE-GERTRUDE POURTIER, épouse du sieur FRANÇOIS DELESTOUR, échevin en l'Hôtel de Ville.

Signé au registre: G. POURTIER DE LA TOUR, C.-J. GAILLANDE et MUNIER, p^{tre}.

POUR EXTRAIT CONFORME :
Lons-le-Saulnier, le treize mai mil huit cent quatre-vingt-un.

Le Maire,
Signé: CAMILLE PROST.

DÉPARTEMENT DE LA SEINE

Arrondissement de Sceaux

MAIRIE DE CHOISY-LE-ROI

II

EXTRAIT du registre des actes de décès pour l'an mil huit cent trente-six.

Décès de
ROUGET DE LISLE
CLAUDE-JOSEPH

26 juin 1836

Du lundi vingt-sept juin mil huit cent trente-six, neuf heures du matin, acte de décès de CLAUDE-JOSEPH ROUGET DE LISLE, ancien capitaine du Génie, pensionnaire de l'État et célibataire, décédé hier à minuit, en cette Commune, rue des Vertus, âgé de soixante-seize ans passés, étant né le dix mai mil sept cent soixante, à Lons-le-Saulnier, département du Jura, sur la déclaration des sieurs le baron FRANÇOIS-ANGE-ALEXANDRE BLEIN, âgé de soixante-huit ans passés, Maréchal de camp en retraite, Commandeur de l'Ordre royal de la Légion d'honneur, demeurant en cette Commune, faubourg Saint-Éloi, et JACQUES-PHILIPPE VOÏART, âgé de soixante-dix-huit ans, propriétaire, demeurant en cette Commune, rue des Vertus. Constaté d'après la visite faite dudit décès, par nous, Maire, officier de l'état civil, et ont les témoins signé le présent acte de décès avec nous, Maire, après lecture faite.

Signé au registre: VOÏART, le b^{on} BLEIN et BOIVIN, Maire.

POUR COPIE CONFORME :

(Cachet de la Mairie).

Le Maire de Choisy-le-Roi,
V^{or} MACHELARD.

BÉRANGER

MAISON MORTUAIRE DE BÉRANGER
5, RUE BÉRANGER

BÉRANGER
5, rue Béranger

LE CHANSONNIER
PIERRE-JEAN DE BÉRANGER
NÉ A PARIS LE 19 AOUT 1780
EST MORT DANS CETTE MAISON
LE 16 JUILLET 1857

PIÈCES JUSTIFICATIVES

I

PAROISSE SAINT-SAUVEUR DE PARIS

Le même jour (vingt août 1780), a esté baptisé Pierre-Jean, né d'hier, fils de Jean-François EBERANGER (sic), négociant, et de Marie-Jeanne CHAMPY, son épouse, rue Montorgueil; parrain, Pierre CHAMPY, maître tailleur, de cette paroisse; marraine, Marie-Jeanne GRISEL, veuve de Nicolas DUPRÉ, tailleur, paroisse Saint-Germain-l'Auxerrois. Père absent pour ses affaires.

Signé : GRISEL, CHAMPY.

(Jal. *Dictionnaire critique de Biographie et d'Histoire*, Paris, Plon, 1872, in-8°, 2ᵉ édit., p. 199.)

II

PRÉFECTURE DU DÉPARTEMENT DE LA SEINE

RECONSTITUTION DES ACTES DE L'ÉTAT CIVIL
(*Loi du 12 février 1872*)

ACTE DE DÉCÈS

EXTRAIT du registre des actes de décès du VIᵉ arrondissement de Paris, année 1857.

De BÉRANGER PIERRE-JEAN — Du dix-sept juillet mil huit cent cinquante-sept, neuf heures du matin. Acte de décès de Pierre-Jean DE BÉRANGER, poëte chansonnier, décédé le seize de ce mois à cinq heures du soir, en son domicile rue de Vendôme, n° 5, âgé de soixante-seize ans, onze mois, né à Paris, célibataire, fils de Jean-François DE BÉRANGER et de Marie-Jeanne CHAMPY, tous deux décédés. Sur la déclaration faite à nous, officier de l'État civil, par les sieurs Charles-Aristide PERROTIN, libraire-éditeur, âgé de soixante ans, rue Fontaine-Molière, n° 41, et Jean-Pierre-Benjamin ANTIER, homme de lettres, âgé de soixante-dix ans, rue de Vendôme, n° 5, qui ont signé avec nous, le tout après lecture faite. *Signé*: PERROTIN, Benjamin ANTIER et LE BLEUX, adjoint. Pour copie conforme au registre : Paris, le vingt-un juillet mil huit cent cinquante-sept. *Le Maire*, officier de l'état civil, *Signé*: LE BLEUX, adjoint. Expédié et collationné, *Signé*: Merlin, notaire à Paris.

Admis par la Commission, loi du 12 février 1872.
Le Membre de la Commission : *Signé* : SCIOUT.

Pour expédition conforme :

Paris, le huit mai mil huit cent quatre-vingt-huit.

L'Archiviste de la Seine,
Signé: G. SAINT-JOANNY.

CORNEILLE

CORNEILLE
6, rue d'Argenteuil

SUR CET EMPLACEMENT
ÉTAIT LA MAISON OÙ
PIERRE CORNEILLE
NÉ A ROUEN LE 6 JUIN 1606
EST MORT
LE 1er OCTOBRE 1684

PIÈCES JUSTIFICATIVES

I

DÉPARTEMENT DE LA SEINE-INFÉRIEURE

MAIRIE DE LA VILLE DE ROUEN

ÉTAT CIVIL

EXTRAIT du registre des actes de baptême de l'an mil six cent six, paroisse de Saint-Sauveur, de Rouen (mois de juin).

CORNEILLE Le vendredy neuvième, PIERRE, fils de M^r. PIERRE
PIERRE   CORNEILLE, a esté baptisé, le parain M. PIERRE LE PEZANT, secrétaire du Roy, et demoiselle BARBE HOUEL.

Collationné conforme au Registre de la paroisse de Saint-Sauveur, de Rouen, par nous, Adjoint, faisant les fonctions d'Officier de l'État-Civil de cette ville, par délégation de M. le Maire et délivré pour renseignement administratif.

En l'Hôtel de Ville, le vingt-quatre mai mil huit cent quatre-vingt-huit.

(*Signature illisible.*)

II

PAROISSE DE SAINT-ROCH DE PARIS

ANNÉE 1684. — Dudit jour, second *(sic)* octobre mil six cent quatre-vingt-quatre, Mre PIERRE CORNEILLE, escuyer, cy-devant avocat général à la Table de marbre à Rouen, agé d'environ soixante et dix huit ans, décédé hier rue d'Argenteuil, de cette paroisse, a esté inhumé en l'église en présence de Messire THOMAS CORNEILLE, escuyer, Sr de Lisle, demeurant rue Clos Gergeau (*sic*) (1), en cette paroisse, et de Messire MICHEL BICHEUR, prestre de cette église, y demeurant proche.

Signé : CORNEILLE, BICHEUR.

(Jal. *op. cit.*, p. 428.)

---

(1) La rue Clos Georgeau, quartier du Palais-Royal, aboutissait à la rue Sainte-Anne et à la rue Traversière

LA FAYETTE

MAISON MORTUAIRE DE LA FAYETTE
6, RUE D'ANJOU

LA FAYETTE
6, rue d'Anjou

LE GÉNÉRAL LA FAYETTE

DÉFENSEUR DE LA LIBERTÉ

EN AMÉRIQUE

L'UN DES FONDATEURS DE LA LIBERTÉ

EN FRANCE

NÉ LE 6 SEPTEMBRE 1757

AU CHATEAU DE CHAVAGNAC EN AUVERGNE

EST MORT DANS CETTE MAISON

LE 20 MAI 1834

PIÈCES JUSTIFICATIVES

I

EXTRAIT des registres baptismaux de la paroisse de Saint-Roch de Chavaniac (1).

L'an 1757 et le sixième septembre, est né très haut et très puissant seigneur Messire MARIE-JOSEPH-PAUL-YVES-ROCH-GILBERT DU MOTTIER DE LA FAYETTE, fils légitime de très haut et très puissant seigneur Messire MICHEL-LOUIS-CHRISTOPHE-ROCH-GILBERT DU MOTTIER, marquis DE LA FAYETTE, baron de Vissac, Seigneur de Saint-Romain et autres places. et de très haute et très puissante dame MARIE-LOUISE-JULIE DE LA RIVIÈRE, a esté baptisé le 7 du mesme mois. Son parrain a esté très haut et très puissant seigneur Messire JOSEPH-YVES-THIBEAUX-HIACINTHE DE LA RIVIÈRE, seigneur de Keroflois et autres places, et en son absence par Messire PAUL DE MURAT, grand vicaire de Sens, aumosnier de Madame la Dauphine, abbé de Mauriac; sa marraine a esté très haute et très puissante dame MARIE-CATHERINE DE CHAVANIAC, dame dudit lieu et de cette paroisse, en présence de Messire ANTOINE BONNEFOY, prêtre et curé de Vissac et d ANDRÉ COURTIAL.

Signé: DE MURAT, CHAVANIAC, DE LA FAYETTE, BONNEFOI, curé de Vissac, COURTIAL, VIDAL, curé.

POUR COPIE CERTIFIÉE CONFORME:

LE SOUS-PRÉFET,
F. MAYER.

II

PRÉFECTURE DU DÉPARTEMENT DE LA SEINE

RECONSTITUTION DES ACTES DE L'ÉTAT CIVIL
(Loi du 12 février 1872)

ACTE DE DÉCÈS

EXTRAIT du registre des actes de décès du Ier arrondissement de Paris, année 1834.

DUMOTTIER LA FAYETTE

MARIE-JOSEPH-PAUL-ROCH-YVES-GILBERT

Du vingt mai mil huit cent trente-quatre, à une heure du soir, acte de décès de sieur MARIE-JOSEPH-PAUL-ROCH-IVES-GILBERT DUMOTTIER LAFAYETTE, lieutenant général, membre de la Chambre des députés, âgé de soixante-seize ans passés, veuf de dame MARIE-ADRIENNE-FRANÇOISE DE NOAILLES, ledit défunt né à Chavançac (sic), Haute-Loire, et décédé à Paris, en son domicile rue d'Anjou-Saint-Honoré, n° 6, ce jourd'hui à quatre heures et demie du matin. Constaté par nous, CHARLES GABILLOT, chevalier de la Légion d'honneur, adjoint au maire du premier arrondissement de Paris, faisant les fonctions d'officier de l'État civil, sur la déclaration des sieurs ALEXANDRE-CÉSAR-VICTOR-CHARLES DESTUTT DE TRACY, député, âgé de cinquante-deux ans, demeurant rue d'Anjou-Saint-Honoré, 38, ANTOINE-FRANÇOIS CARBONEL, maréchal de camp, âgé de cinquante-sept ans, demeurant rue d'Anjou-Saint-Honoré, n° 6, lesquels ont signé avec nous après lecture faite. *Signé.* V. TRACY, CARBONEL, GABILLOT. Pour copie conforme: Paris, le 9 juin 1834. *Le Maire. Signé:* A. LEFORT. Expédié et collationné, *Signé:* COCTEAU, notaire à Paris.

Admis par la Commission, loi du 12 février 1872.

Le Membre de la Commission, Signé: GUYON

POUR EXPÉDITION CONFORME:

Paris, le quatorze mai mil huit cent quatre-vingt-huit.

L'Archiviste de la Seine,
Signé: G. S. JOANNY.

---

(1) Chavagnac, commune du canton de Paulhaguet, arrondissement de Brioude, département de la Haute-Loire.

LAKANAL

MAISON MORTUAIRE DE LAKANAL
10, RUE DE BIRAGUE

LAKANAL
10, rue de Birague

JOSEPH LAKANAL

MEMBRE DE LA CONVENTION NATIONALE

RÉORGANISATEUR

DE L'INSTRUCTION PUBLIQUE

NÉ A SERRES (COMTÉ DE FOIX)

LE 14 JUILLET 1762

EST MORT DANS CETTE MAISON

LE 14 JUIN 1845

PIÈCES JUSTIFICATIVES

I

EXTRAIT du registre des naissances de la Mairie de Serres (1)

JOSEPH, fils de PAUL LACANAL et de MARGUERITTE BAURÈS, mariés au Puget.(2), est né et a été baptisé le 14 juillet 1762; parrain, JOSEPH BAURÈS; marraine, MARGUERITTE LACANAL, qui n'ont su signer. *Signé au registre* : FONT, curé.

POUR COPIE CONFORME A LA MINUTE :

Serres, le 16 mai 1888.

Le Maire de Serres,
BONNEFOND.

(Cachet de la Mairie)

II

PRÉFECTURE DU DÉPARTEMENT DE LA SEINE

RECONSTITUTION DES ACTES DE L'ÉTAT CIVIL
(Loi du 12 février 1872)

ACTE DE DÉCÈS

EXTRAIT du registre des actes de décès du VIIIe arrondissement de Paris, année 1845.

Du quinze juin mil huit cent quarante-cinq, à une heure du soir. Acte de décès de JOSEPH LACANAL, propriétaire, membre de l'Institut royal de France, décédé le quatorze de ce mois, à sept heures du soir, à son domicile, rue Royale, n° 10, âgé de quatre-vingt-deux ans, né à Serres, Ariège (sic), veuf en premières noces de BARBE FRANÇOIS, et époux en secondes de ROSALIE-CÉLESTE-BIEN-AIMÉE LEPELLETIER, âgée de trente-huit ans. Le présent acte dressé sur la déclaration de JEAN-BAPTISTE-PIERRE ROUSSEL, propriétaire, âgé de cinquante-six ans, demeurant à Paris comme dessus, et JEAN-FRANÇOIS DELGOVE, tailleur, âgé de quarante-deux ans, demeurant aussi comme dessus et d'après le certificat du médecin. Les déclarants ont signé avec nous, après lecture faite.

Certifié conforme, par nous, maire du huitième arrondissement de Paris, le quatorze mars mil huit cent quarante-cinq. *Signé* : NAST. Expédié et collationné, *Signé* : ROBERT, notaire à Paris.

Admis par la Commission, loi du 12 février 1872.
Le Membre de la Commission : *Signé* : DURANTON

POUR EXPÉDITION CONFORME :

Paris, le huit mai mil huit cent quatre-vingt-huit.

L'Archiviste de la Seine,
Signé : G. S. JOANNY.

---

(1) Serres, commune du canton et arrondissement de Foix, département de l'Ariège.
(2) Le Puget, hameau de la commune de Serres.

PARMENTIER

MAISON MORTUAIRE DE PARMENTIER

68, RUE DU CHEMIN-VERT

PARMENTIER
68, rue du Chemin-Vert

ANTOINE-AUGUSTIN PARMENTIER

AGRONOME

NÉ LE 12 AOUT 1737

A MONTDIDIER EN PICARDIE

EST MORT DANS CETTE MAISON

LE 17 DÉCEMBRE 1813

PIÈCES JUSTIFICATIVES

I

VILLE DE MONTDIDIER (Somme)

EXTRAIT du registre aux actes de Baptêmes, Mariages et Sépultures de la paroisse du Saint-Sépulcre de cette ville, pour l'année mil sept cent trente-sept.

Antoine-Augustin, fils de Jean-Baptiste-Augustin PARMENTIER et de Marie-Eufrosine MILLON, ses père et mère de légitime mariage, nacquit le douze d'Aoust mille (sic) sept cens trente-sept, et fut baptisé le même jour ; son parrain, Antoine MILLON ; sa marraine, Marie PILLON de la TOUR, lesquels ont signé ce présent acte avec nous, prêtre curé du Saint-Sépulcre de Montdidier, ledit jour et an que dessus. Signé : MILLON, Marie PILLON et DAUGY.

Pour extrait conforme :
Montdidier, le 25 mai 1888.
Le Maire : Signé, RAVIART.

II

PRÉFECTURE DU DÉPARTEMENT DE LA SEINE

RECONSTITUTION DES ACTES DE L'ÉTAT CIVIL
(*Loi du 12 février 1872*)

ACTE DE DÉCÈS

EXTRAIT du registre des actes de décès du VIIIe arrondissement de Paris, année 1813.

PARMENTIER ANTOINE-AUGUSTIN — Du dix-huit décembre mil huit cent treize, à midi et demi (sic), Par devant nous maire du huitième arrondissement de Paris, officier de l'état civil, sont comparus Louis-Antoine LAURENS, avocat, âgé de soixante-trois ans, demeurant cloître Notre-Dame, n° 12, neuvième arrondissement, ami du décédé ; Antoine-Mathieu PARMENTIER, chef de bureau au Conseil d'Etat, âgé de trente-quatre ans, demeurant rue du Mail, n° 16, troisième arrondissement, neveu du décédé. Lesquels nous ont déclaré que : Antoine-Augustin PARMENTIER, officier de la Légion d'honneur, membre de l'Institut impérial de France, l'un des inspecteurs généraux du service de santé des camps et armées, premier pharmacien des armées, membre du Conseil général d'administration des hôpitaux et hospices civils de Paris, président du conseil de salubrité près la préfecture de police, membre de la Société d'agriculture du département de la Seine, de la Société libre de pharmacie de Paris, de la Société philantropique, de la Société d'encouragement et de plusieurs autres sociétés savantes françaises et étrangères, né à Montdidier, département de la Somme, demeurant à Paris, rue des Amandiers, n° 12, huitième arrondissement, célibataire, fils de défunts Jean-Baptiste-Augustin PARMENTIER et de Marie-Euphrosine MILLON, sa femme, est décédé à sondit domicile, la veille, à onze heures du soir, âgé de plus de soixante-seize ans. Sur le rapport d'Antoine LARGUEZE, docteur en médecine, qui a constaté ledit décès, nous avons dressé le présent acte que les comparants ont signé avec nous après lecture faite. *Signé :* LAURENS, PARMENTIER, LARGUEZE et DELARUE, adjoint au maire. Le présent acte délivré par nous, maire du huitième arrondissement de Paris, le six janvier mil huit cent quatorze. (*Signature illisible.*) Expédié et collationné.
Signé : TOLLU, notaire à Paris.

Admis par la Commission, loi du 12 février 1872.
Le Membre de la Commission : Signé, DEFRESNE.

Pour expédition conforme :
Paris, le six juin mil huit cent quatre-vingt-huit.
L'Archiviste de la Seine,
Signé : G. S. JOANNY.

BENJAMIN CONSTANT

MAISON MORTUAIRE DE BENJAMIN CONSTANT
29, RUE D'ANJOU-SAINT-HONORÉ

BENJAMIN CONSTANT
29, rue d'Anjou

BENJAMIN CONSTANT
ÉCRIVAIN ET DÉPUTÉ
NÉ LE 25 OCTOBRE 1767
A LAUSANNE (SUISSE)
EST MORT DANS CETTE MAISON
LE 8 DÉCEMBRE 1830

PIÈCES JUSTIFICATIVES

I
VILLE DE LAUSANNE (Suisse)

EXTRAIT du registre des naissances et baptêmes de la paroisse de Lausanne, pour les années 1757 à 1769 (p. 308).

CONSTANT

Du mercredi onzième novembre 1767, BENJAMIN - HENRI, fils de Noble JUSTE CONSTANT, citoyen de Lausanne et capitaine suisse au service des États-Généraux, et de fût Dame HENRIETTE DE CHANDIEU, sa défunte femme, né le dimanche 25ᵉ 8ᵇʳᵉ a été baptisé en St-François, le mercredi 11ᵉ novembre 1767 par Monsʳ le Vénérable doyen POLIER DE BOTTENS, le lendemain de la mort de Madᵉ sa mère. Parrain : Noble BENJAMIN DE CHANDIEU, colonel, grand-père. Marraines : Madᵉ son épouse, MARIE née DE MONTROND, grand'mère, et Madᵉ ROSE née DE SAUSSURE, veuve de Noble SAMUEL CONSTANT, officier général au service des États-Généraux, mère du père (173).

POUR COPIE CONFORME :
L'*Archiviste cantonal*,
AYMON DE CROUSAZ.

II
PRÉFECTURE DU DÉPARTEMENT DE LA SEINE

RECONSTITUTION DES ACTES DE L'ÉTAT CIVIL
(*Loi du 12 février 1872*)

ACTE DE DÉCÈS

EXTRAIT du registre des actes de décès du 1ᵉʳ arrondissement de Paris, année 1830.

CONSTANT
DE REBECQUE
BENJAMIN

Du onze décembre mil huit cent trente, à midi. Acte de décès de Mʳ BENJAMIN CONSTANT DE REBECQUE, député, âgé de soixante-trois ans, marié à Dᵉ CHARLOTTE - GEORGINE - AUGUSTE DE HARDENBERG, âgée de soixante-deux ans, ledit défunt né à Lausanne (Suisse), demeurant rue d'Anjou-St-Honoré, 15, et décédé rue St-Lazare, 102, aux bains Tivoli, le huit du courant, à cinq heures du soir. Constaté par nous, CHARLES GABILLOT, adjoint au maire du premier arrondissement de Paris, sur la déclaration des sieurs JEAN-LOUIS-JOSEPH-NAPOLÉON DEVAUX, valet de chambre, âgé de vingt-sept ans, demeurant rue d'Anjou St-Honoré, 15, FRANÇOIS-JOSEPH HARTEMANN, concierge, âgé de trente-trois ans, demeure susdite, lesquels ont signé avec nous après lecture faite. Signé : Louis DEVAUX, HARTEMANN, GABILLOT. Pour copie conforme : Paris, le 24 janvier 1831. Le maire, Signé : LEFORT. Expédié et collationné. Signé : COCTEAU, notaire à Paris.

Admis par la Commission, loi du 12 février 1872.
Le Membre de la Commission, Signé : GUYON.

POUR EXPÉDITION CONFORME :
Paris, le quatorze mai mil huit cent quatre-vingt-huit.
L'*Archiviste de la Seine*,
Signé : G. S. JOANNY.

I

Mme DE SÉVIGNÉ

MAISON NATALE DE Mme DE SÉVIGNÉ
11bis, RUE DE BIRAGUE (FAÇADE SUR LA PLACE DES VOSGES)

Mme DE SÉVIGNÉ
11 *bis*, rue de Birague
(Façade sur la place des Vosges)

DANS CET HÔTEL

EST NÉE

LE 6 FÉVRIER 1626

MARIE DE RABUTIN-CHANTAL

MARQUISE DE SÉVIGNÉ

PIÈCE JUSTIFICATIVE

EXTRAIT du registre des baptêmes de la Paroisse Saint-Paul de Paris.

Vendredi 6ᵉ jour (février 1626) fut baptisée MARIE, fille de Messire CELSE-BENIGNE DE RABUTIN, baron de Chantal, et de dame MARIE DE COULANGES, place Royalle : parrain Messire CHARLES LE NORMAND, seigneur de Beaumont, maistre de camp d'un vieil régiment, gouverneur de La Fère et premier maistre d'hostel du Roy : marraine dame MARIE DE BAÏSE (sic), femme de messire PHILIPPE DE COULANGES, conseiller du Roy en son Conseil d'Estat et privé... (*sans signatures*).

(Jal. *Dictionnaire*, etc. — Paris, Plon, 1872, in-4°, 2ᵉ édition, p. 1130.)

II

M^(ME) DE SÉVIGNÉ

HOTEL CARNAVALET
HABITÉ PAR Mme DE SÉVIGNÉ

Mme DE SÉVIGNÉ
Hôtel Carnavalet.

MARIE DE RABUTIN-CHANTAL
MARQUISE DE SÉVIGNÉ
HABITA CET HÔTEL
DE 1677 A 1696

BLAISE PASCAL

PASCAL
2, rue Rollin

ICI

S'ÉLEVAIT LA MAISON

OÙ

BLAISE PASCAL

EST MORT

LE 19 AOÛT 1662

PIÈCES JUSTIFICATIVES

I

VILLE DE CLERMONT-FERRAND

EXTRAIT du registre des actes de l'État civil de la ville de Clermont-Ferrand, an 1623. — Paroisse Saint-Pierre.

NAISSANCE

PASCAL
(BLAIZE)
27 juin 1623

Le vingt-septième jour de juin mil six cent vingt-trois, a été baptisé BLAIZE PASCAL, fils à noble ANTOINE *(sic)* (1) PASCAL, Conseiller du Roy, president en la Cour des Aydes d'Auvergne de Clairmont; la mère damoizelle ANTOINETTE BEGON, le parrin, noble BLAIZE PASCAL, Conseiller du Roy de la sénéchaussée et siège présidial d'Auvergne audit Clairmont, la maraine damoizelle ANTOINETTE DE FONTFREYDE.

Au registre ont signé : PASCAL, FONTFREYDE et ROUSSEL, vicaire (2).

POUR COPIE CERTIFIÉE CONFORME :

En l'hôtel de ville, à Clermont-Ferrand, le 9 juin 1888.

Pour le Maire :
L'Adjoint,
(Signature illisible.)

II

PASCAL mourut « le dix-neuvième d'août mil six cent soixante-deux, à une « heure du matin, âgé de trente-neuf ans deux mois. »

(*Vie de B. Pascal,* par Mme Perrier (Gilberte Pascal). *Pensées de Pascal,* édit. Havet, 1881, p. xcii.)

---

(1) Mme Perrier, sœur de Pascal, dit formellement que son père avait nom *Etienne*. On sait également par elle que Blaise Pascal naquit le 19 juin 1623.

(Cf. *Vie de B. Pascal,* p. LXIII.)

(2) Ce texte diffère sensiblement du suivant publié par P. Faugère, dont la leçon paraît plus conforme à l'original en ce qu'elle donne au père de Pascal son véritable prénom et la qualité de *Conseiller eslu pour le roy en l'élection d'Auvergne.* Ce ne fut que plus tard, en effet, qu'Etienne Pascal, exerça les fonctions de Président de la Cour des Aides à Mont-Ferrand.

« Le 27e jour de juin 1623, a este baptisé BLAISE PASCHAL fils à noble ESTIENNE PASCHAL conseiller eslu
« pour le roy en l'élection d'Auvergne à Clairmont ; et à noble damoizelle ANTHOINETTE BEGON ; le parrin noble
« BLAIZE PASCHAL conseiller du roy en la seneschaussée et siège présidial d'Auvergne audit Clairmont, la
« maraine dame ANTHOINETTE DE FONTFREYDE. »

(Cf. P. Faugère, *Lettres, Opuscules et Mémoires de Mme Périer, etc.* Paris, A. Vaton, 1845, in-8°, app. p. 475.)

ANDRÉ CHÉNIER

MAISON HABITÉE PAR ANDRÉ CHÉNIER EN 1793
RUE DE CLÉRY, 97

CHÉNIER
97, rue de Cléry

ICI

HABITAIT

EN 1793

LE POÈTE

ANDRÉ

CHÉNIER

ALFRED DE MUSSET

MAISON MORTUAIRE D'ALFRED DE MUSSET
6, RUE DU MONT-THABOR

ALFRED DE MUSSET
6, rue du Mont-Thabor

ALFRED DE MUSSET

NÉ A PARIS LE 11 DÉCEMBRE 1810

EST MORT DANS CETTE MAISON

LE 2 MAI 1857

PIÈCES JUSTIFICATIVES

I

PRÉFECTURE DU DÉPARTEMENT DE LA SEINE

RECONSTITUTION DES ACTES DE L'ÉTAT CIVIL
(Loi du 12 février 1872)

ACTE DE NAISSANCE

EXTRAIT du registre des actes de naissances du XIIe arrondissement de Paris. Année 1810.

DE MUSSET
LOUIS-CHARLES
ALFRED

Du douze décembre mil huit cent dix, a midi. Acte de naissance de LOUIS-CHARLES-ALFRED, du sexe masculin, né le onze de ce mois, à onze heures du matin, à Paris, rue des Noyers, n° 33, division du Panthéon, fils de VICTOR-DONATIEN DE MUSSET, propriétaire, et de EDMÉE-CLAUDETTE GUYOT-DESHERBIERS, son épouse, demeurant comme dessus. Les témoins sont CLAUDE-ANTOINE GUYOT-DESHERBIERS, ayeul maternel, âgé de soixante-cinq ans, juris consulte, ancien Législateur, demeurant à Paris, dite rue et division, n° 37, et GERMAIN MENARD, âgé de soixante-sept ans, employé, demeurant à Paris, rue Saint-Jacques, n° 262. Sur la réquisition faite à nous adjoint au maire du douzième arrondissement de Paris, soussigné, par ledit DEMUSSET, père présent, lequel a signé ainsi que les témoins pardevant nous, lecture faite dudit acte ; (signé au registre) GUYOT DESHERBIERS, V.-D. DE MUSSET, MENARD, POULIN, adjoint.

Pour copie conforme au registre, Paris, le dix mai mil huit cent vingt-trois. — Le Maire du douzième arrondissement, *(signé)* DE ROZIÈRE, adjoint.

Admis par la Commission, loi du 12 février 1872.

Le Membre de la Commission : Signé, BOINOD

POUR EXPÉDITION CONFORME :

Paris, le six juin mil huit cent quatre-vingt-huit.

L'Archiviste de la Seine,
G. SAINT-JOANNY

II

RECONSTITUTION DES ACTES DE L'ÉTAT CIVIL
(Loi du 12 février 1872)

ACTE DE DÉCÈS

EXTRAIT du registre des actes de décès du Ier arrondissement de Paris. Année 1857.

DE MUSSET
LOUIS-CHARLES-
ALFRED

Du deux mai mil huit cent cinquante-sept, à une heure et quart du soir. Acte de décès de LOUIS-CHARLES-ALFRED DE MUSSET, membre de l'Académie française, chevalier de la Légion d'honneur, âgé de quarante-six ans, célibataire, fils de VICTOR-DONATIEN DE MUSSET, décédé, et de EDMÉE-CLAUDETTE GUYOT DESHERBIERS, sa veuve, rentière, âgée de soixante-quinze ans, dem^t à Angers (Maine-et-Loire). Ledit défunt né à Paris, et y décédé en son domicile rue du Mont-Thabor, 6, cejourd'hui à trois heures et quart du matin. Constaté par nous, Maire officier de l'état civil du premier arrondissement de Paris, sur la déclaration de PLACIDE-ANDRÉ REMOND, agent d'affaires, âgé de cinquante-neuf ans, demeurant rue des Saints-Pères, 70, et PIERRE-ANTOINE TROUVAIN, employé, âgé de quarante-un ans, demeurant à Belleville (Seine), rue de la Villette, 37. Lesquels ont signé avec nous après lecture faite ; (ainsi signé) REMOND, TROUVAIN et FROTTIN. Délivré par nous, Greffier en chef du Tribunal civil de la Seine. Au greffe séant au Palais de justice, à Paris, ce 22 janvier 1867. Signé : CHARPENTIER.

Admis par la Commission, loi du 12 février 1872.

Le Membre de la Commission : Signé, HUILLIER.

Paris, le six juin mil huit cent quatre-vingt-huit.

L'Archiviste de la Seine,
Signé : G. SAINT-JOANNY.

RABELAIS

RABELAIS
Angle de la rue des Jardins-Saint-Paul
et du quai des Célestins, 28

FRANÇOIS RABELAIS

NÉ A CHINON

EST MORT

DANS UNE MAISON

DE LA RUE

DES JARDINS-SAINT-PAUL

LE 9 AVRIL 1553

CAMILLE DESMOULINS

MAISON HABITÉE PAR CAMILLE DESMOULINS EN 1792
1, PLACE DE L'ODÉON

CAMILLE DESMOULINS
1, place de l'Odéon

CAMILLE DESMOULINS
HABITAIT CETTE MAISON
EN 1792

PIÈCES JUSTIFICATIVES

I

EXTRAIT du registre des actes de l'état civil de la ville de Guise pour l'année 1760.

N° 18   Le deuxième du présent (mois de mars) est né et a été baptisé le troisième LUCIE-SIMPLICE-CAMILLE-BENOIST, fils de Maître JEAN-BENOIT-NICOLAS DESMOULIN *(sic)*, Lieutenant Général civil et criminel au Bailliage de Guise, et de dame MARIE-MAGDELEINE GODART, son épouse. Le parein M. JOSEPH GODART, son oncle maternel de la paroisse Duiège (1) (sic), la mareine dame MAGDELEINE-ELISABETH LESCARBOTTE, de cette paroisse (2) qui ont signé avec nous le présent acte.

Suivent les signatures.

POUR EXTRAIT CONFORME :

Guise, le 5 juin 1888.

Le Maire,
Signé : FLAMANT.

II

Registre de la municipalité de Paris.

Du sept floréal l'an deuxième de la République, acte de décès de LUCILE-SIMPLICE-CAMILLE-BENOIST DESMOULINS, du 16 germinal (5 avril 1794), profession homme de lettres, âgé de trente-trois ans, natif de Guise, district de Vervin (sic), domicilié à Paris, place du Théâtre-Français.

(Jal. *Dictionnaire, etc.* — Paris, Plon, 1872, in-8°, 2ᵉ édition, p. 489.

---

(1) Wiège-Faty, commune du canton de Sains, arrondissement de Vervins, département de l'Aisne.
(2) Paroisse de Saint-Pierre et Saint-Paul de Guise, diocèse de Laon.

JEAN DE MEUNG

JEAN DE MEUNG
218, rue Saint-Jacques

ICI

ÉTAIT LA MAISON

OÙ JEAN DE MEUNG

COMPOSA *LE ROMAN DE LA ROSE*

1270-1305

BEAUMARCHAIS

BEAUMARCHAIS
2, boulevard Beaumarchais

BEAUMARCHAIS
NÉ A PARIS
LE 24 JANVIER 1732
AVAIT ICI SON HÔTEL
OÙ IL MOURUT
LE 18 MAI 1799

PIÈCES JUSTIFICATIVES

I

EXTRAIT du registre des naissances de la paroisse Saint-Jacques-de-la-Boucherie de Paris.

ANNÉE 1732.

Le 24 janvier naquit PIERRE-AUGUSTIN CARON, fils de ANDRÉ-CHARLES, m^e orlogeur, demeurant rue Saint-Denis, sur la paroisse Saint-Jacques, et de MARIE-LOUISE-NICOLE PICHON, sa femme ; parrain, PIERRE-AUGUSTIN PICARD, m^d chandelier, rue Aubry-le-Boucher, parroisse *(sic)* de Saint-Josse ; marraine FRANÇOISE GARY, fille mineure d'ANDRÉ GARY, m^c chandelier, demeurant rue des Boucheries, paroisse de Saint-Sulpice.

(Jal. *Dictionnaire critique de biographie et d'histoire*, Paris, Plon, 1872, in-4°, 2e éd., p. 148.)

II

PRÉFECTURE DU DÉPARTEMENT DE LA SEINE

RECONSTITUTION DES ACTES DE L'ETAT CIVIL
(Loi du 12 février 1872)

ACTE DE DÉCÈS

EXTRAIT du registre des actes de décès du VIIIe arrondissement de Paris, l'an VII.

CARON-BEAU-MARCHAIS
PIERRE-AUGUSTIN

Du vingt-neuf Floréal de l'an sept de la République française. Acte de décès de PIERRE-AUGUSTIN CARON-BEAU-MARCHAIS, mort cejourd'hui à une heure du matin, rentier, homme de lettres, âgé de soixante-cinq ans, natif de Paris, y domicilié, porte Saint-Antoine, n° 1, huitième Municipalité, veuf en premières noces de MADELEINE AUBERTIN, en secondes de GENEVIÈVE-MADELEINE WATTEBLED et actuellement époux de MARIE-THÉRÈSE-ÉMILIE VILLER-MAWLAZ. Sur la réquisition à nous faite par ANDRÉ-TOUSSAINT DELARÜE, âgé de trente ans, rentier, domicilié à Paris, même demeure, gendre du défunt, et par JOSEPH-HUBERT LEMOLTPHALARY, âgé de trente-cinq ans, homme de loy, domicilié à Paris, rue de Molière, n° 2, onzième municipalité, neveu du défunt, et ont signé : DELARUE, LEMOLTPHALARY. Constaté suivant la loy par moy soussigné : PERROT. Collationné et délivré par moy, secrétaire en chef de la susdite Mairie. A Paris, le vingt-deux janvier mil huit cent six, (signé) PILLAS. Expédié et collationné, (signé) LEROY, notaire à Paris.

Admis par la Commission, loi du 12 février 1872.

Le Membre de la Commission : signé, L. VIAU.

POUR EXPÉDITION CONFORME :

Paris, le six juin mil huit cent quatre-vingt-huit.

L'Archiviste de la Seine,

Signé : G. SAINT-JOANNY.

BERRYER

MAISON HABITÉE PAR BERRYER DE 1816 à 1868
RUE DES PETITS-CHAMPS, 64

BERRYER
64, rue des Petits-Champs

DANS CETTE MAISON

DEMEURA

DE 1816 A 1868

PIERRE - ANTOINE BERRYER

ORATEUR PARLEMENTAIRE

NÉ A PARIS

LE 4 JANVIER 1790

MORT LE 29 NOVEMBRE 1868

PIÈCES JUSTIFICATIVES

I
PRÉFECTURE DU DÉPARTEMENT DE LA SEINE

RECONSTITUTION DES ACTES DE L'ÉTAT CIVIL
(*Loi du 12 février 1872*)

ACTE DE NAISSANCE

EXTRAIT du registre des actes de naissance de la paroisse Saint-Merry de Paris, année 1790.

BERRYER
ANTOINE-PIERRE

Le mardi cinq janvier mil sept cent quatre-vingt-dix, a été baptisé, ANTOINE-PIERRE, né du jour précédent, fils de PIERRE-NICOLAS BERRYER, avocat au Parlement, et d'ANNE-MARIE GORNEAU, son épouse, cloitre et paroisse Saint-Merry. Le parain (*sic*), M. ANTOINE CHAMPION, procureur au Parlement, quai d'Orléans, Isle N.-D., P^{sse} Saint-Louis, bel oncle de l'enfant. La marreine (*sic*), MARIE-JEANNE THIBAULT, épouse de PHILIPPE-JOSEPH GORNEAU, avocat au Parlement, agréé aux Consuls, représentant de la commune de Paris, cloitre et paroisse Saint-Merry, ayeule maternelle de l'enfant. *Signé au registre*, M. J. THIBAULT, CHAMPION, BERRYER et MOUFLE, vicaire de ladite paroisse. Délivré par nous, greffier en chef du tribunal de première instance de la Seine. Paris, le quinze septembre 1808. — *Signé* : DINAN.

Admis par la Commission, loi du 12 février 1872.

Le Membre de la Commission : *signé*, DELACOURTIE.

POUR EXPÉDITION CONFORME :
Paris, le huit mai mil huit cent quatre-vingt-huit.

L'Archiviste de la Seine,
Signé : G. S. JOANNY.

II
DÉPARTEMENT DU LOIRET. — ARRONDISSEMENT DE PITHIVIERS
AUGERVILLE-LA-RIVIÈRE

EXTRAIT du registre des décès pour l'année mil huit cent soixante-huit.

N° 14

Décès de
BERRYER
PIERRE-ANTOINE
29 novembre 1868

L'an mil huit cent soixante-huit, le vingt-neuf du mois de novembre, à sept heures du matin, par devant nous, PIERRE PARNAGEON, Maire et officier de l'état civil de la commune d'Augerville, canton de Puiseaux, arrondissement de Pithiviers, département du Loiret, sont comparus : JOSEPH ABRAHAM, régisseur, âgé de trente ans, et FRÉDÉRIC-ADOLPHE HURAULT, instituteur, âgé de vingt-cinq ans, tous deux domiciliés à Augerville, le premier employé régisseur, le second voisin du décédé ci-après nommé, lesquels nous ont déclaré qu'aujourd'hui, à trois heures du matin, PIERRE-ANTOINE BERRYER, avocat, âgé de soixante-dix-neuf ans, domicilié à Augerville, fils des défunts ANTOINE-NICOLAS BERRYER et ANNE-MARIE GORNEAU, veuf de LOUISE-CAROLINE GAUTHIER DE BAR, est décédé en son domicile sus-désigné ; et après nous être assuré du décès, nous avons dressé le présent acte dont nous avons donné lecture aux déclarants, lesquels l'ont ensuite signé avec nous. *Le registre est signé* : A. HURAULT, J. ABRAHAM et PARNAGEON.

POUR COPIE CONFORME :
Augerville-la-Rivière, le 11 novembre 1887.

Le Maire,
Signé : LAURENT.

DAVID

DAVID
Quai de la Mégisserie
(Façade du théâtre du Châtelet.)

LE PEINTRE LOUIS DAVID

MORT EN EXIL

A BRUXELLES

LE 29 DÉCEMBRE 1825

EST NÉ

DANS UNE MAISON

DU QUAI DE LA MÉGISSERIE

LE 30 AOUT 1748

PIÈCES JUSTIFICATIVES

I

EXTRAIT du registre des actes de naissance de la paroisse Saint-Germain-l'Auxerrois, de Paris.

Du vendredi trentième août mil sept cent quarante-huit fut baptisé JACQUES-LOUIS, fils de LOUIS-MAURICE DAVID, m^d mercier, et de MARIE-GENEVIÈVE BURON, sa femme, dem^t quai de la Mégisserie ; le parrain, JACQUES PREVOT, m^d potier d'étain ; la marraine, JEANNE-MARGUERITE LE MESLE, femme de JACQUES BURON, m^e maçon. L'enfant est né aujourd'hui, et ont signé, excepté la marraine qui a déclaré ne savoir.

Signé : PREUOT, DAVID (avec paragraphe), L. FERRAULT, vicaire.

(Jal, *Dict. crit. de biographie et d'histoire*, 2e édit. p. 475.)

II

VILLE DE BRUXELLES

EXTRAIT du registre aux actes de décès, année 1825. — N° 3137.

Van den dertigsten dag der maand december des jaars 1800 vijf-en-twintig, ten negen uren akte van aflijvigheid van den Heer JACOBUS-LUDOVICUS DAVID kunstschilder, overlede den negen en' twintigsten dezer maand ten tien uren's morgens, in den ouderdom van zeven en zeventig jaren, drie maanden, negen en twintig dagen, geboren te Parijs (Frankrijk) wonende in de Willemsche straat, wijk 5, n° 679. 7° echtgenoot van vrouw MARGUARETA-CHARLOTTA PECOUL.

Op de verklaring van de heeren DOMINICUS-VINCENTIUS RAMEL, advokaat, oud vijf en zestig jaren, wonende in de Minime straat, en MICHAEL-GISLENUS STAPLEAUX, kunstschilder oud zes en twinting jaren wonende op de Grasmarkt, die geteekend hebben.

Opgemaakt door mij, JOSEPHUS VAN GAMEREN, gedelegueerde Ambtenaar van Burgerlijken Stand, van welke Akte de voorlezing is gedaangeweest

Signé : D.-V. RAMEL, MICHEL STAPLEAUX et J. VAN GAMEREN.

CERTIFIÉ CONFORME, ETC.

Bruxelles, le 19 mai 1888.

L'Officier de l'État civil,
E. BECQUET.

LITTRÉ

MAISON MORTUAIRE DE LITTRÉ
ANGLE DES RUES DE FLEURUS ET D'ASSAS

LITTRÉ
44, rue d'Assas

ÉMILE LITTRÉ

AUTEUR

DU GRAND DICTIONNAIRE

DE LA

LANGUE FRANÇAISE

NÉ A PARIS

LE 1er FÉVRIER 1801

EST MORT

DANS CETTE MAISON

LE 2 JUIN 1881

PIÈCES JUSTIFICATIVES

I

PRÉFECTURE DU DÉPARTEMENT DE LA SEINE

RECONSTITUTION DES ACTES DE L'ÉTAT CIVIL
(*Loi du 12 février 1872*)

ACTE DE NAISSANCE

LITTRÉ
MAXIMILIEN-PAUL-ÉMILE

Du treize pluviôse An neuf de la République, Acte de naissance de MAXIMILIEN-PAUL-ÉMILE, né le jour d'hier à dix heures du matin, rue des Grands-Augustins, n° 21, division du Théâtre-Français, fils de MICHEL-FRANÇOIS LITTRÉ, propriétaire, et de MARIE-SOPHIE JOHANNOT, demeurant à Paris, susd. demeure, mariés sur cet arrondissement, le vingt messidor an huit. Le sexe de l'enfant a été reconnu être masculin. Sur la déclaration faite à l'officier public de l'état civil par le père présent, qui a signé en présence des témoins dénommés audit registre. Collationné par moi soussigné, officier public de l'état civil pour le onzième arrondissement de la commune de Paris. (*Signé*) DOCORET, adjoint. — Délivré par moi, secrétaire de l'état civil, le présent extrait, pour lequel il a été payé un franc cinquante-huit centimes, compris le timbre. A Paris, le vingt-deux floréal de l'An neuf de la République. *Signé:* GASTEBOIS, s^{re} en chef par *intérim*.

Admis par la Commission, loi du 12 février 1872.
    Le Membre de la Commission : Signé : GALLOIS.

POUR COPIE CONFORME :
    L'Archiviste de la Seine,
    Signé : G. SAINT-JOANNY

II

MAIRIE DU LUXEMBOURG
(VIe ARRONDISSEMENT)

DÉPARTEMENT DE LA SEINE

Ville de Paris

ÉTAT CIVIL

EXTRAIT du registre des actes de décès de la mairie du VIe arrondissement, pour l'an mil huit cent quatre-vingt-un.

Nom : LITTRÉ
Reg^e 79.
N° 1128.

Du trois juin mil huit cent quatre-vingt-un, à dix heures du matin, acte de décès dûment constaté de MAXIMILIEN-PAUL-ÉMILE LITTRÉ, profession de Sénateur, membre de l'Académie française, décédé le 2 juin 1881, à dix heures du matin, rue d'Assas, n° 44, âgé de quatre-vingts ans, trois mois, né à Paris (Seine), demeurant rue d'Assas, n° 44, fils de feu MICHEL-FRANÇOIS LITTRÉ et de feue SOPHIE JOHANNOT, son épouse. Marié à AGLAÉ-PAULINE CONIL-LACOSTE, âgée de soixante-six ans, rentière, sur la déclaration faite par MM. JOSEPH BENGOLD, âgé de trente-deux ans, employé, demeurant à Paris, rue des Saints-Pères, n° 70, et de HENRI CONIL-LACOSTE, architecte, âgé de soixante-quatre ans, demeurant à Paris, rue d'Assas, 78, beau-frère du défunt, qui ont signé après lecture avec nous, Adjoint au Maire du sixième arrondissement de Paris, officier de l'état civil. *Signé :* LACOSTE, BENGOLD, E. FOUINEAU.

POUR EXTRAIT CONFORME :
    Paris, le quatre juin mil huit cent quatre-vingt-cinq.
    Le Maire du VIe arrondissement,
    Signé : A. GOMBAULT, adjoint.

HÔTEL DE SOISSONS

HOTEL DE SOISSONS
Pourtour de la Halle-au-Blé

SUR L'EMPLACEMENT DE LA HALLE AU BLÉ

ET DES RUES ENVIRONNANTES

S'ÉLEVAIT L'HÔTEL DE LA REINE

NOMMÉ PLUS TARD HÔTEL DE SOISSONS

CONSTRUIT POUR CATHERINE DE MÉDICIS

EN 1572

PAR PHILIBERT DELORME

LA COLONNE ASTRONOMIQUE

DERNIER VESTIGE DE CET HÔTEL

FUT RACHETÉE ET CONSERVÉE EN 1748

PAR PETIT DE BACHAUMONT

ET DONNÉE PAR LUI A LA VILLE DE PARIS

VOLTAIRE

MAISON MORTUAIRE DE VOLTAIRE
ANGLE DU QUAI VOLTAIRE ET DE LA RUE DE BEAUNE

VOLTAIRE
angle du quai Voltaire et de la rue
de Beaune

VOLTAIRE

NÉ A PARIS

LE 21 NOVEMBRE 1694

EST MORT

DANS CETTE MAISON

LE 30 MAI 1778

PIÈCES JUSTIFICATIVES

I

EXTRAIT du registre des actes de baptême de la paroisse Saint-André-des-Arcs de Paris.

Le lundy ving deux® jour de novembre 1694 fut baptisé, dans l'Église St-André-des-Arcs, par Monsr BOUCHER, ptre vicaire de ladite église, soussigne, FRANÇOIS-MARIE, né le jour précédent, fils de Me FRANÇOIS AROÜET, conseiller du Roy, antien notaire au Chastelet de Paris, et de daelle MARIE-MARGUERITE DAUMART, sa femme. Le parrain messire FRANÇOIS DE CASTAGNIER, abbé commendataire de Varenne, et la marraine dame MARIE PARENT, épouse de Me SYMPHORIEN DAUMART, escuyer, controlleur de la gendarmerie du Roy. *Signé* : M. PARENT, FRANÇOIS DE CASTAGNER DE CHATEAUNEUF, AROÜET, L. BOUCHÉ.

(Jal, *Dict. crit. de biographie et d'histoire*, 2ᵉ édit., p. 1285.)

II

VOLTAIRE mourut à Paris, le 30 mai 1778 et fut inhumé, le 2 juin suivant, dans l'église de l'abbaye royale de Notre-Dame-de-Scellières, ordre de Cîteaux, au diocèse de Troyes.

(Jal, *op. cit.*, p. 1287.)

TALMA

MAISON MORTUAIRE DE TALMA

9, RUE DE LA TOUR-DES-DAMES

TALMA
9, rue de la Tour-des-Dames

TALMA
NÉ A PARIS
LE 15 JANVIER 1763
EST MORT
DANS CETTE MAISON
LE 19 OCTOBRE 1826

PIÈCES JUSTIFICATIVES

I

EXTRAIT du registre des actes de baptême de la paroisse Saint-Nicolas-des-Champs, de Paris.

Le quinze janvier mil sept cent soixante-trois, a été baptisé François-Joseph, né aujourd'hui de Michel-François-Joseph TALMA, valet de chambre, et d'Anne MIGNOLET, son épouse, demeur^t rue des Menestriers : le parrain, Philippe-Joseph TALMA, cuisinier, oncle de l'enfant, demeur^t rue de Clichy, paroisse de Montmartre ; la marraine, Marie-Thérèse MIGNOLET, fille majeure, tante de l'enfant, demeur^t rue Portefoin, lesquels ont signé, etc.

(Jal, *Dict. crit. de biographie et d'histoire*, 2e édit., p. 1171.)

II

PRÉFECTURE DU DÉPARTEMENT DE LA SEINE

RECONSTITUTION DES ACTES DE L'ÉTAT CIVIL
(*Loi du 12 février 1872.*)

ACTE DE DÉCÈS

IIe arrondissement de Paris. — Année 1826.

TALMA
FRANÇOIS-JOSEPH

L'an mil huit cent vingt-six, le dix-neuf octobre, est décédé à Paris, rue de la Tour-des-Dames, n° 9, deuxième arrondisssement, François-Joseph TALMA, artiste dramatique, âgé de soixante-six ans, marié à Caroline VANHOVE.

Rétabli en vertu de la loi du 12 février 1872. — 2e section. — 22 janvier 1890.

Le Membre de la Commission : Signé, BIGNAN.

Pour expédition conforme :

Paris, le vingt-trois janvier mil huit cent quatre-vingt dix.

Le Secrétaire général de la Préfecture
Pour le secrétaire général :
Le Conseiller de Préfecture délégué,

Signé : LATY.

SCRIBE

MAISON MORTUAIRE DE SCRIBE

12, RUE PIGALLE

SCRIBE
12, rue Pigalle

EUGÈNE SCRIBE
AUTEUR DRAMATIQUE
NÉ A PARIS
LE 24 DÉCEMBRE 1791
EST MORT
DANS CET HÔTEL
LE 20 FÉVRIER 1861

PIÈCES JUSTIFICATIVES

I

Le dimanche 25 déc. 1791 a été baptisé Augustin-Eugène, né le jour précédent, fils de Jean-François SCRIBE, m⁴ d'étoffes de soye, et d'Adélaïde NOLLEAU, sa femme, dem¹ rue S¹-Denis. Le parrain Antoine-Augustin SCRIBE, ancien négociant, boulevard S¹-Antoine, paroisse S¹-Paul, oncle de l'enfant ; la marraine Marie-Victoire NOLLEAU, épouse de François-Eléonore AUCANTE, administrateur du Mont-Cenis, rue du Mail, paroisse S¹-Eustache, tante de l'enfant. *Signé :* J.-F. SCRIBE, Aug¹ᵉ SCRIBE, NOLLEAU, BOISSEAU, vicaire (1).

(Jal, *Dict. crit. de biographie et d'histoire*, 2ᵉ édition, p. 1112.)

II

VILLE DE PARIS

NEUVIÈME ARRONDISSEMENT

EXTRAIT du registre des actes de décès de l'année 1861.

Du vingt-un février mil huit cent soixante-un. Acte de décès de : Augustin-Eugène SCRIBE, membre de l'Académie française, Commandeur de la Légion d'honneur, âgé de soixante-neuf ans, né à Paris, décédé hier, à midi, en son domicile, rue Pigalle, 12, fils de Jean-François SCRIBE et de Adélaïde NOLLEAU, son épouse, tous deux décédés ; le défunt époux de Marie-Julie-Clarisse MARDUEL. Led¹ acte dressé en présence et sur la déclaration de MM. Claude-Léon BIOLLAY, ancien officier de marine, âgé de trente ans, demeurant à Paris, rue Ollivier, n° 16, beau-fils du défunt, et Paul-Emile BIOLLAY, auditeur à la Cour des comptes, âgé de vingt-neuf ans, demeurant dite rue Pigalle, n° 12, beau-fils du défunt, témoins qui ont signé avec nous, André-Charles ANCELLE, adjoint au maire, après lecture faite, le décès constaté suivant la loi. *Signé :* BIOLLAY, BIOLLAY et ANCELLE, adj¹.

Paris, le trente-un mai mil huit cent quatre-vingt-huit.

Le Maire du IXᵉ arrondissement,
Signé : E. FERRY.

---

(1) Jal a omis de désigner le registre paroissial de Paris auquel est emprunté ce texte.

LE CHÂTELET

LE CHÂTELET
Place du Châtelet
(Chambre des Notaires)

SUR CETTE PLACE

S'ÉLEVAIT

LE GRAND CHÂTELET

ANCIENNE ENTRÉE

FORTIFIÉE

DE LA CITÉ

SIÈGE

DE LA PRÉVÔTÉ DE PARIS

ET DE LA COMPAGNIE

DES NOTAIRES

THÉÂTRE

DE L'ACADÉMIE ROYALE DE MUSIQUE

THÉATRE DE L'ACADÉMIE
ROYALE DE MUSIQUE
202, rue Saint-Honoré
(angle de la rue de Valois)

SUR CET EMPLACEMENT
S'ÉLEVAIT LE THÉATRE
DE L'ACADÉMIE ROYALE
DE MUSIQUE
CONSTRUIT
DE 1763 A 1770
PAR PIERRE LOUIS MOREAU
MAITRE GÉNÉRAL
DES BATIMENTS DE LA VILLE
INCENDIÉ
LE 8 JUIN 1781

THÉÂTRE

DU PALAIS CARDINAL

THÉÂTRE
DU PALAIS CARDINAL
Palais-Royal
(angle de la rue de Valois).

ICI S'ÉLEVAIT

LA SALLE DE SPECTACLE

DU PALAIS CARDINAL

INAUGURÉE EN 1641

OCCUPÉE PAR LA TROUPE

DE MOLIÈRE

DE 1661 A 1673

ET PAR L'ACADÉMIE ROYALE

DE MUSIQUE

DEPUIS 1673

JUSQU'A L'INCENDIE DE 1763

CHÂTEAUBRIAND

MAISON MORTUAIRE DE CHÂTEAUBRIAND

120, RUE DU BAC

CHÂTEAUBRIAND
120, rue du Bac

CHÂTEAUBRIAND
NÉ A SAINT-MALO
LE 4 SEPTEMBRE 1768
EST MORT
DANS CET HÔTEL
LE 4 JUILLET 1848

PIÈCE JUSTIFICATIVE [1]

VILLE DE SAINT-MALO (ILLE-ET-VILAINE)

EXTRAIT du registre des actes de naissance de la Ville de Saint-Malo (Ille-et-Vilaine), pour l'année 1768.

f° 20, v°   FRANÇOIS RENÉ DE CHÂTEAUBRIAND, fils de haut et puissant RENÉ DE CHÂTEAUBRIAND, chevalier, comte de Combourg et de haute et puissante dame APAULINE-JEANNE-SUZANNE DE BÉDÉE, dame DE CHÂTEAUBRIAND, son épouse, né le quatre 7bre 1768, baptisé le jour suivant par nous, Messire PIERRE-HENRY NOUAIL, grand chantre et chanoine de l'église cathédralle, official et grand vicaire de Monseigneur Levêque de St-Malo; a été parrain haut et puissant JAN-BAPTISTE DE CHÂTEAUBRIAND, son frère, et marraine haute et puissante Dame FRANÇOISE-MARIE-GERTRUDE DE CONTADE, Dame et Comtesse DE PLOUER, qui signent, et le père.

Signé au registre : CONTADES DE PLOUER, JEAN-BAPTISTE DE CHÂTEAUBRIAND, DE CHÂTEAUBRIAND, BRIGNON DE CHATEAUBRIAND et NOUAIL, vic. gén.

POUR EXTRAIT CONFORME :
En Mairie à Saint-Malo, le 21 janvier 1884.

Le Conseiller municipal,
ff^{ons} de Maire,
Signé: E. LÉVÊQUE.

---

(1) L'acte constatant le décès de Châteaubriand n'ayant pas été reconstitué, on a eu recours aux notices de l'administration de l'Enregistrement qui ont fourni tous les renseignements nécessaires.

HÔTEL DE SENS

HÔTEL DE SENS

1, RUE DU FIGUIER-SAINT-PAUL

HÔTEL DE SENS
1, rue du Figuier-Saint-Paul

HÔTEL DE SENS

CET HÔTEL

RÉSIDENCE DES ARCHEVÊQUES

DE SENS

MÉTROPOLITAINS DES ÉVÊQUES

DE PARIS

JUSQU'EN 1623

A ÉTÉ CONSTRUIT VERS 1500

PAR LES ORDRES

DE TRISTAN DE SALAZAR

MÉHUL

MAISON MORTUAIRE DE MÉHUL
28, RUE MONTHOLON

MÉHUL
28, rue Montholon

ÉTIENNE - NICOLAS MÉHUL

AUTEUR

DE LA MUSIQUE

DU *CHANT DU DÉPART*

NÉ A GIVET

LE 22 JUIN 1763

EST MORT

DANS CETTE MAISON

LE 18 OCTOBRE 1817

PIÈCES JUSTIFICATIVES

I

DÉPARTEMENT DES ARDENNES

Arrondissement de Rocroi

VILLE DE GIVET

EXTRAIT du registre des baptêmes de la paroisse Saint-Hilaire de Givet, pour l'an mil sept cent soixante-trois.

ÉTIENNE-NICOLAS, fils légitime de JEAN-FRANÇOIS MÉHUL et de CÉCILE KEULY, né le vingt-deux juin 1763, a été baptisé le même jour par nous, vicaire de cette paroisse ; il a eu pour parrain ÉTIENNE-NICOLAS GRECK et pour marraine MARIE-THÉRÈSE FAIGUE.

POUR EXTRAIT CONFORME :

(Sceau de la Mairie :)

POUR LE MAIRE :
Le premier Adjoint,
Signé : GUIRAUD.

II

Du samedi 18 octobre mil huit cent dix-sept, deux heures de relevée, acte de décès de ÉTIENNE-NICOLAS MÉHUL, compositeur de musique, chevalier de l'ordre royal de la Légion d'honneur, membre de l'Institut et de l'École royale de musique, âgé de cinquante-quatre ans, né à Givet, départ^t des Ardennes, décédé ce matin à six heures, en sa demeure, rue Montholon n° 26 (1), époux de MARIE-MADELEINE-JOSÉPHINE GASTALDY ; témoins M. JOSEPH DAUSOIGNE, professeur à l'École royale de musique, âgé de vingt-sept ans, demeurant rue Montholon, n° 13 bis, neveu du deffunt, et M. VICTOR-CHARLES-PAUL DOURLEN, professeur à l'École royale de musique; âge de trente-sept ans, demeurant rue Ste-Appoline, n° 7. Signé : DAUSOIGNE, DOURLEN.

(Jal, *Dict. crit. de biographie et d'histoire*, 2e édition, p. 854-855.)

---

(1) Actuellement le n° 28.

THÉÂTRE
DE GUÉNÉGAUD

THÉÂTRE DE GUÉNÉGAUD
42, rue Mazarine

ICI S'ÉLEVAIT

LE THÉÂTRE DE GUÉNÉGAUD

OPÉRA 1671-1672

TROUPES DE MOLIÈRE

ET DU MARAIS RÉUNIES

APRÈS LA MORT DE MOLIÈRE

1673-1680

COMÉDIE-FRANÇAISE

1680-1689

PROCÈS-VERBAL d'apposition de plaque commémorative (1)

(ANCIEN THÉÂTRE DE GUÉNÉGAUD)

L'an mil huit cent quatre-vingt-six, le dix-huit décembre,
Nous, soussigné, LÉON GINAIN, architecte de la Ville de Paris, chargé du service de la 5ᵉ section,
Certifions avoir fait apposer, en exécution d'une délibération du Conseil municipal de Paris, en date du 27 mars 1885, et d'un arrêté de M. le Préfet de la Seine en date du 18 avril 1885, sur la façade d'une maison sise rue Mazarine, nº 42, et appartenant à M. FREMONT, consentant, une plaque portant une inscription commémorative conçue et disposée comme il suit :

ICI S'ÉLEVAIT
LE THÉÂTRE DE GUÉNÉGAUD
OPÉRA 1671-1672

TROUPES DE MOLIÈRE
ET DU MARAIS RÉUNIES
APRÈS LA MORT DE MOLIÈRE
1673 - 1680

COMÉDIE-FRANÇAISE
1680-1689

L'opération a eu lieu en présence de M. EUGÈNE DE LA GOUBLAYE DE MÉNORVAL, conseiller municipal, membre du Comité des Inscriptions parisiennes, de M. EDGAR MAREUSE, secrétaire du Comité des Inscriptions parisiennes, et de M. PAUL LE VAYER, secrétaire adjoint.
En foi de quoi, nous avons rédigé et signé le présent procès-verbal.

Signé : L. GINAIN.

---

(1) Le 28 janvier 1886, la Municipalité, prenant en considération un vœu émis par le Comité des Inscriptions parisiennes, a décidé qu'à l'avenir l'apposition de toute inscription commémorative ferait l'objet d'un procès-verbal dont la rédaction serait confiée à l'architecte chargé de l'exécution de la plaque.

JEU DE PAUME
DES MESTAYERS

JEU DE PAUME
DES MESTAYERS
12 et 14, rue Mazarine

ICI S'ÉLEVAIT

LE JEU DE PAUME

DES MESTAYERS

OÙ LA TROUPE DE MOLIÈRE

OUVRIT

EN DÉCEMBRE 1643

L'ILLUSTRE THÉÀTRE

PROCÈS-VERBAL d'apposition de plaque commémorative.

L'an mil huit cent quatre-vingt-six, le dix-huit décembre,
Nous, soussigné, Léon GINAIN, architecte de la Ville de Paris, chargé du service de la 5ᵉ section,
Certifions avoir fait apposer, en exécution d'une délibération du Conseil municipal de Paris, en date du 27 mars 1885, et d'un arrêté de M. le Préfet de la Seine, en date du 18 avril 1885, sur la façade d'une maison sise rue Mazarine, nᵒˢ 12 et 14, et appartenant à M. KAENFFER, consentant, une plaque portant une inscription commémorative, conçue et disposée comme il suit :

ICI S'ÉLEVAIT
LE JEU DE PAUME
DES MESTAYERS
OÙ LA TROUPE DE MOLIÈRE
OUVRIT
EN DÉCEMBRE 1643
L'ILLUSTRE THÉÂTRE

L'opération a eu lieu en présence de M. Eugène de la GOUBLAYE de MÉNORVAL, conseiller municipal, membre du Comité des Inscriptions parisiennes, de M. Edgar MAREUSE, secrétaire du Comité des Inscriptions parisiennes, et de M. Paul Le VAYER, secrétaire adjoint.
En foi de quoi nous avons rédigé et signé le présent procès-verbal.

Signé : L. GINAIN.

GÉNÉRAL FOY

MAISON MORTUAIRE DU GÉNÉRAL FOY
62, RUE DE LA CHAUSSÉE-D'ANTIN

GÉNÉRAL FOY
62, rue de la Chaussée-d'Antin

LE GÉNÉRAL FOY

LE GRAND ORATEUR LIBÉRAL

NÉ A HAM

LE 3 FÉVRIER 1775

EST MORT

DANS CETTE MAISON

LE 28 NOVEMBRE

1825

PIÈCES JUSTIFICATIVES

I

MAIRIE DE LA VILLE DE HAM

EXTRAIT du registre des actes de baptême et mariage de la paroisse Saint-Pierre de Ham, pour l'année 1775.

L'an mil sept cent soixante-quinze, le trois février, a été baptisé par moi prêtre vicaire de la paroisse de Saint-Pierre, soussigné, SÉBASTIEN-MAXIMILIEN, né aujourd'huy, fils légitime de FLORENT-SÉBASTIEN FOI, m^d épicier, et de ÉLISABET-JOACHIM VISBECQ, son épouse; le parrein a été PROSPER-JOACHIM FOI, son frère, et la marreinne ÉLISABETH-SOPHIE FOI, sa sœur, qui a déclaré ne pas savoir signer. Le parrein a signé avec nous le présent acte fait double lesdits jour et an que dessus. *Signé* : PROSPER FOY, LE ROY, vic.

POUR EXTRAIT CONFORME :

Ham, le 8 novembre 1884,   *L'Adjoint au Maire,*
(Sceau de la mairie.)   *Signé* : GRONIER.

II

PRÉFECTURE DU DÉPARTEMENT DE LA SEINE

RECONSTITUTION DES ACTES DE L'ÉTAT CIVIL
(*Loi du 12 février 1872*)

ACTE DE DÉCÈS

EXTRAIT du registre des actes de décès du IIe arrondissement de Paris, année 1825.

FOY
MAXIMILIEN-
SÉBASTIEN

Du mardi vingt-neuf novembre mil huit cent vingt-cinq, à dix heures du matin. Acte de décès de MAXIMILIEN-SÉBASTIEN comte FOY, membre de la Chambre des députés, lieutenant-général des armées du roi, grand-officier de la Légion d'honneur et chevalier de Saint-Louis et de divers ordres, âgé de cinquante ans, né à Ham, département de la Somme, décédé hier à une heure et demie de relevée, rue de la Chaussée-d'Antin, n° 62, époux de Madame ÉLISABETH-AUGUSTE DANIEL. Les témoins ont été MM. PIERRE-FRANÇOIS PRADY, ex-commissaire des guerres, âgé de trente-neuf ans, demeurant même rue, n° 48, et VINCENT-LOUIS-ALPHONSE FOY, avocat, âgé de vingt-neuf ans, demeurant rue du Cloître-Saint-Jacques, n° 3, neveu du défunt, lesquels ont signé avec nous, ALEXANDRE-MARIE PETIT, maire, chevalier de la Légion d'honneur, après lecture faite et le décès constaté suivant la loi. — *Signé* : BRADY, FOY et PETIT, maire. — Délivré par nous, maire, conforme au registre, ce vingt-cinq novembre mil huit cent vingt-six. *Signé* : PETIT, maire. — Admis par la Commission, loi du 12 février 1872. — *Le membre de la Commission* : *signé* : BARROUX.

POUR EXPÉDITION CONFORME :

Paris, le huit novembre mil huit cent quatre-vingt-quatre.

L'Archiviste de la Seine,
Signé : G. SAINT-JOANNY

PROCÈS-VERBAL d'apposition de plaque commémorative.

L'an mil huit cent quatre-vingt-sept, le vingt-neuf avril,
Nous, JOSEPH-ANTOINE BOUVARD, architecte de la Ville de Paris (administration centrale),
Certifions avoir fait apposer, en exécution d'une délibération du Conseil municipal de Paris, en date du 26 mai 1886 et d'un arrêté de M. le Préfet de la Seine en date du 17 juillet 1886, sur la façade d'une maison sise rue de la Chaussée-d'Antin, n° 62, et appartenant à M. DEMONCHY, consentant, une plaque portant une inscription commémorative, conçue et disposée comme il suit :

LE GÉNÉRAL FOY
LE GRAND ORATEUR LIBÉRAL
NÉ A HAM
LE 3 FÉVRIER 1775
EST MORT
DANS CETTE MAISON
LE 28 NOVEMBRE
1825

L'opération a été constatée par MM. EDGAR MAREUSE, secrétaire du Comité des Inscriptions parisiennes, et PAUL LE VAYER, inspecteur des Travaux historiques de la Ville de Paris.
En foi de quoi nous avons rédigé et signé le présent procès-verbal.   *Signé* : J. BOUVARD.

MIGNET

MAISON MORTUAIRE DE MIGNET
14, RUE D'AUMALE

MIGNET
14, rue d'Aumale

FRANÇOIS MIGNET

HISTORIEN

NÉ A AIX EN PROVENCE

LE 8 MAI 1796

EST MORT

DANS CETTE MAISON

LE 24 MARS 1884

PIÈCES JUSTIFICATIVES

I
VILLE D'AIX
DÉPARTEMENT DES BOUCHES-DU-RHONE

Naissance de ALEXIS-FRANÇOIS AUGUSTE MIGNET

Aujourd'hui vingt-un floréal, l'an quatrième de la République française une et indivisible, à sept heures du soir, pardevant moi officier public soussigné, est comparu en la maison commune le citoyen JEAN-ALEXIS MIGNET, serrurier, domicilié isle 131, n° 13, section des Piques, assisté de deux témoins majeurs, savoir des citoyens FRANÇOIS NÈGRE, son beau-frère, et MARIE MELCHION, épouse de JEAN-CHARLES DURAND, l'un et l'autre domiciliés en cette commune. Lequel m'a déclaré que la citoyenne MARIE-CATHERINE-BENOÎTE NÈGRE, son épouse, est accouchée avant-hier, à huit heures du soir, dans sondit domicile, d'un garçon qu'il m'a présenté et auquel il a donné les prénoms de ALEXIS-FRANÇOIS-AUGUSTE, d'après cette déclaration que lesdits témoins m'ont certifiée véritable, j'ai rédigé le présent acte que j'ai signé avec le père déclarant et lesdits témoins. — *Signé :* MIGNET, F. NÈGRE, M. DURAND et BERNARD. of. p.

COLLATIONNÉ CONFORME :
A Aix, en l'Hôtel de Ville, le 30 juillet 1884.

Le Maire d'Aix,
Signé : X^{ier} THIBAUD, adj^t.

II
PRÉFECTURE DU DÉPARTEMENT DE LA SEINE

EXTRAIT des minutes des actes de décès du IXe arrondissement de Paris.

L'an mil huit cent quatre-vingt-quatre, le vingt-cinq mars, à une heure et demie du soir, acte de décès de FRANÇOIS-AUGUSTE-ALEXIS MIGNET, âgé de quatre-vingt-sept ans, membre de l'Académie française, secrétaire perpétuel honoraire de l'Académie des sciences morales et politiques, grand-croix de la Légion d'honneur, né à Aix (Bouches-du-Rhône), décédé en son domicile rue d'Aumale, 14, le vingt-quatre mars courant, à sept heures du matin, fils de JEAN-ALEXIS MIGNET et de MARIE-CATHERINE-BENOITE NÈGRE, son épouse, célibataire. Dressé par nous CHARLES-HIPPOLYTE LESAGE, adjoint au maire de l'état-civil du neuvième arrondissement de Paris, sur la déclaration de ANTOINE CHARLEMAGNE, général de division, âgé de soixante-quatre ans, demeurant à Paris, boulevard Malesherbes, 48, et de ALFRED-ALEXANDRE DALOZ, âgé de trente-un an, capitaine d'état-major, demeurant à Dôle (Jura), qui ont signé avec nous, après lecture. Suivent les signatures.

POUR EXPÉDITION CONFORME :
Paris, le 2 décembre 1884.

Le Maire,
Signé : YVER, adj^t.

PROCÈS-VERBAL d'apposition de plaque commémorative.

L'an mil huit cent quatre-vingt-sept, le vingt-neuf avril,
Nous, soussigné, JOSEPH-ANTOINE BOUVARD, architecte de la Ville de Paris (administration centrale),
Certifions avoir fait apposer en exécution d'une délibération du Conseil municipal de Paris, en date du 26 mai 1886 et d'un arrêté de M. le Préfet de la Seine, en date du 17 juillet 1886, sur la façade d'une maison sise rue d'Aumale, n° 14, et appartenant à Mlle DOSNE, consentante, une plaque portant une inscription commémorative, conçue et disposée comme il suit :

FRANÇOIS MIGNET
HISTORIEN
NÉ A AIX EN PROVENCE
LE 8 MAI 1796
EST MORT
DANS CETTE MAISON
LE 24 MARS 1884

L'opération a été constatée par MM. EDGAR MAREUSE, secrétaire du Comité des Inscriptions parisiennes et PAUL LE VAYER, inspecteur des Travaux historiques de la Ville de Paris.
En foi de quoi nous avons rédigé et signé le présent procès-verbal.

Signé : J. BOUVARD.

VAUCANSON

MAISON MORTUAIRE DE VAUCANSON
51, RUE DE CHARONNE

VAUCANSON
51, rue de Charonne

VAUCANSON

MÉCANICIEN

MEMBRE DE L'ACADÉMIE

DES SCIENCES

NÉ A GRENOBLE

LE 24 FÉVRIER 1709

EST MORT DANS CETTE MAISON

LE 21 NOVEMBRE 1782

PIÈCES JUSTIFICATIVES

I

MAIRIE DE GRENOBLE

EXTRAIT des registres des actes de baptême de la paroisse Saint-Hugues de la ville de Grenoble.

VOCANSON
JACQUES
14 février 1700

Le vingt-cinq février mil sept cent neuf, j'ay baptizé JACQUES, né d'hier, fils de sieur JACQUES VOCANSON, marchand gantier, et de demoiselle DOROTHÉE LA CROIX, mariés, étant parrain LÉONARD POUCHOT, marchand gantier, marraine demoiselle MARIE CHAGIER, femme du sieur FRANÇOIS BEISSIÈRE, libraire, le père signé en présence des soussignés. *Signé :* VOCANSON, POUCHOT, MARIE CHAGIER, VOCANSON, BAISSIÈRE, GIROUD, J. VOCANSON et BUISSON prêtre.

Certifié conforme par nous, maire de la ville de Grenoble, le 10 août 1885.

Le Maire,
ED. VIEL.

II

EXTRAIT des registres des actes de décès de la paroisse Sainte-Marguerite de Paris.

Le 22 novembre 1782 a été fait le convoi de sʳ JACQUES DE VAUCANSSON *(sic)*, âgé de soixante-quatorze ans, décédé la veille en son hôtel rue de Charonne, de l'Académie Royale des sciences, veuf de dame MADELEINE REY, qui a été inhumé en présence de Messire FRANÇOIS, comte DE SALVERT, écuier, seigʳ de la Motte, d'Arson, de la Tour, du Lut et autres lieux, écuier commandant des Écuries de la Reine, son gendre, de sʳ MATHIEU TILLET, de l'Acad. Roy. des sciences, son ami et autres qui ont signé. *Signé :* DE SALVERT, TILLET, DE MERY DARCY, DARON, l'abbé DE BEAURECUEIL, PREVOST pᵗʳᵉ.

(Jal, *Dict. crit. de biographie et d'histoire*, 2ᵉ édit., p. 1236.)

PROCÈS-VERBAL d'apposition de plaque commémorative.

L'an mil huit cent quatre-vingt sept, le vingt-neuf avril,
Nous, soussigné, JOSEPH-ANTOINE BOUVARD, architecte de la Ville de Paris (administration centrale),
Certifions avoir fait apposer, en exécution d'une délibération du Conseil municipal de Paris, en date du 26 mai 1886, et d'un arrêté de M. le Préfet de la Seine, en date du 17 juillet 1886, sur la façade d'une maison sise rue de Charonne, n° 51, et appartenant à M. NOEL CAILAR, consentant, une plaque portant une inscription commémorative, conçue et disposée comme il suit :

VAUCANSON
MÉCANICIEN
MEMBRE DE L'ACADÉMIE
DES SCIENCES
NÉ A GRENOBLE
LE 24 FÉVRIER 1709
EST MORT DANS CETTE MAISON
LE 21 NOVEMBRE 1782

L'opération a été constatée par MM. EDGAR MAREUSE, secrétaire du Comité des Inscriptions parisiennes, et PAUL LE VAYER, inspecteur des Travaux historiques de la Ville de Paris.
En foi de quoi nous avons rédigé et signé le présent procès-verbal. *Signé :* J. BOUVARD.

HENRI MARTIN

MAISON MORTUAIRE D'HENRI MARTIN
38, RUE VITAL

HENRI MARTIN
33, rue Vital

L'HISTORIEN

HENRI MARTIN

NÉ A SAINT-QUENTIN

LE 20 FÉVRIER 1810

EST MORT

DANS CETTE MAISON

LE 14 DÉCEMBRE 1883

PIÈCES JUSTIFICATIVES

I

MAIRIE DE LA VILLE DE SAINT-QUENTIN

EXTRAIT du registre aux actes de naissance pour l'an 1810.

N° 49
Acte de naissance
de
BON-LOUIS-HENRY
MARTIN

Du vingt trois février mil huit cent dix, neuf heures du matin, acte de naissance de Bon Louis Henry, né en cette Ville, le vingt de ce mois, à dix heures du soir, fils de Monsieur Bon-Quentin Martin, Juge au Tribunal civil de première instance de l'Arrondissement de Saint-Quentin, et de Dame Jeanne-Sophie-Charlotte Desains, son épouse, domiciliés en cette Ville. Le sexe de l'enfant a été reconnu être masculin : premier témoin, Monsieur Jean-Louis Desains, notaire impérial, premier adjoint de la mairie de Saint-Quentin, âgé de soixante sept ans, ayeul maternel de l'enfant ; second témoin, le sieur Louis-Félix Desains, fils ainé, âgé de trente ans, oncle maternel dudit enfant, tous domiciliés en cette ditte Ville. Sur la déclaration de mon dit sieur Martin qui a signé avec les témoins, lecture faite. *Signé* : MARTIN, DESAINS, DESAINS fils.

Constaté suivant la loi par moi, Pierre-Louis-Samuel Joly-Bammeville, maire de cette ville, faisant les fonctions d'officier public de l'Etat-civil. *Signé* : JOLY-BAMMEVILLE.

Pour copie conforme :

Délivré à Saint-Quentin, le vingt-sept février mil huit cent quatre-vingt-quatre.

L'Officier de l'État-civil,
Signé : E. LECAISNE.

II

PRÉFECTURE DU DÉPARTEMENT DE LA SEINE

EXTRAIT des minutes des actes de décès du seizième arrondissement de Paris.

L'an mil huit cent quatre vingt trois, le 15 Decembre, à une heure du soir. Acte de décès de Bon-Louis-Henri Martin, âgé de soixante-treize ans, né à Saint-Quentin, Aisne, Sénateur, membre de l'Académie Française, maire du seizième Arrondissement, décédé à Paris, au domicile conjugal, rue Vital, 38, le quatorze Décembre courant, à une heure et demie du soir, fils de Bon-Quentin Martin et de Jeanne-Sophie-Henriette-Charlotte Desains, son épouse, décédés, époux de Louise-Thérèse-Emilie Erambert, âgée de soixante douze ans, sans profession. Dressé par nous, Albert Poirson, adjoint au maire, officier de l'état civil du seizième arrondissement de Paris, sur la déclaration de Sylvestre-Léon Vaquez, adjoint au maire, officier d'Académie, âgé de quarante quatre ans, demeurant à Paris, rue Ribéra, 15, et de Victor Didier, employé à Paris, âgé de trente six ans, demeurant à Paris, rue de Paris, 60, qui ont signé avec nous, après lecture. *Signé* : Léon VAQUEZ, Victor DIDIER et Albert POIRSON adjoint.

Pour expédition conforme :

Paris, le 4 décembre 1884.

Le Maire,
Signé : Dʳ MARMOTTAN.

PROCÈS-VERBAL d'apposition de plaque commémorative.

L'an mil huit cent quatre-vingt-sept, le vingt-huit mai,
Nous, soussigné, JOSEPH-ANTOINE BOUVARD, architecte de l'administration centrale de la Ville de Paris,
Certifions avoir fait apposer, en exécution d'une délibération du Conseil municipal de Paris, en date du 26 mai 1886, et d'un arrêté de M. le Préfet de la Seine, en date du 17 juillet 1886, sur la façade d'une maison sise rue Vital, n° 58, et appartenant à M. LAMOUREUX, consentant, une plaque portant une inscription commémorative, conçue et disposée comme il suit :

L'HISTORIEN
HENRI MARTIN
NÉ A SAINT-QUENTIN
LE 20 FÉVRIER 1810
EST MORT
DANS CETTE MAISON
LE 14 DÉCEMBRE 1883

L'opération a été constatée par MM. EDGAR MAREUSE, secrétaire, et MAURICE DU SEIGNEUR, membre du Comité des Inscriptions parisiennes, et PAUL LE VAYER, inspecteur des Travaux historiques de la Ville de Paris. En foi de quoi nous avons rédigé et signé le présent procès-verbal.

Signé · J. BOUVARD.

COLIGNY

COLIGNY
144, rue de Rivoli

A CETTE PLACE
S'ÉLEVAIT L'HÔTEL
OÙ
L'AMIRAL COLIGNY
PÉRIT ASSASSINÉ
DANS LA NUIT
DE LA SAINT-BARTHÉLEMY
LE 24 AOUT
1572

PROCÈS-VERBAL d'apposition de plaque commémorative.

L'an mil huit cent quatre-vingt-sept, le vingt-huit mai,
Nous, soussigné, Joseph-Antoine BOUVARD, architecte de l'administration centrale de la Ville de Paris,
Certifions avoir fait apposer, en exécution d'une délibération du Conseil municipal de Paris, en date du 26 mai 1886, et d'un arrêté de M. le Préfet de la Seine, en date du 17 juillet 1886, sur la façade d'une maison sise rue de Rivoli, n° 144, et appartenant à Mme NILSSON, consentante, une plaque portant une inscription commémorative, conçue et disposée comme il suit :

A CETTE PLACE
S'ÉLEVAIT L'HÔTEL
OÙ
L'AMIRAL COLIGNY
PÉRIT ASSASSINÉ
DANS LA NUIT
DE LA SAINT-BARTHÉLEMY
LE 24 AOUT
1572

L'opération a été constatée par MM. Edgar MAREUSE, secrétaire, et Maurice DU SEIGNEUR, membre du Comité des Inscriptions parisiennes, et Paul Le VAYER, inspecteur des Travaux historiques de la Ville de Paris. En foi de quoi nous avons rédigé et signé le présent procès-verbal.

Signé : J. BOUVARD.

DIDEROT

MAISON MORTUAIRE DE DIDEROT

39, RUE DE RICHELIEU

DIDEROT
39, rue de Richelieu

DIDEROT
PHILOSOPHE ET LITTÉRATEUR
PRINCIPAL AUTEUR DE L'*ENCYCLOPÉDIE*
NÉ A LANGRES
LE 5 OCTOBRE 1713
EST MORT DANS CETTE MAISON
LE 31 JUILLET 1784

PIÈCES JUSTIFICATIVES

I

DÉPARTEMENT DE LA HAUTE-MARNE. — VILLE DE LANGRES

Extrait des registres de l'état civil de la ville de Langres

Le 6ᵉ octobre 1713 a été baptisé Denis né d'hyer fils en légitime mariage de Didier DIDEROT, mᵉ coutellier et d'Angélique VIGNERON, ses père et mère, le parain Denis DIDEROT, mᵉ coutellier, la maraine Claire VIGNERON, lesquels ont signé avec le père présent.
Signé au registre : Denis DIDEROT, Claire VIGNERON, Didier DIDEROT et RIGOLLET, vic.

Pour extrait conforme :
Langres, le 1ᵉʳ août 1884.

Pʳ le maire de Langres,
Signé : J. CHARETON, adjoint.

II

Extrait des registres de décès de la paroisse Saint-Roch de Paris

L'an 1784, le 1ᵉʳ août, a été inhumé en cette église (1) M. Denis DIDEROT, des Académies de Berlin, Stockolm et Saint-Pétersbourg, bibliothécaire de Sa Majesté impériale Catherine, seconde impératrice de Russie, âgé de 71 ans, décédé hier, époux de dame Anne-Antoinette CHAMPION, rue de Richelieu, de cette paroisse ; présents : MM. Abel-François-Nicolas CAROILHON de VANDUEL, écuyer, trésorier de France, son gendre, rue de Bourbon, paroisse Saint-Sulpice, M. Claude CAROILHON DESTILLIÈRES, écuyer, fermier général de Monsieur frère du Roy, rue de Menard (sic) de cette paroisse, M. Denis CAROILHON DE LA CHARMOTTE, écuyer, directeur des domaines du Roy, susd. rue de Menard, et M. Nicolas-Joseph PHILPIN DE PIÉPOPE (sic) chevalier, conseiller d'État, lieutᵗ général honoraire au bailliage de Langres, rue Traversière, qui ont signé avec nous curé : CAROILHON de VANDUEL, CAROILHON DESTILLIÈRES, NAIGEON, COCHIN, CAROILHON de la CHARMOTTE, Michel... MARDUEL. curé.

(Jal, *Dict. crit. de biographie et d'histoire*, 2ᵉ édit., p. 496).

PROCÈS-VERBAL d'apposition de plaque commémorative.

L'an mil huit cent quatre-vingt-sept, le vingt-huit mai,
Nous, soussigné, Joseph-Antoine BOUVARD, architecte de l'administration centrale de la Ville de Paris,
Certifions avoir fait apposer, en exécution d'une délibération du Conseil municipal de Paris, en date du 26 mai 1886, et d'un arrêté de M. le Préfet de la Seine, en date du 17 juillet 1886, sur la façade d'une maison sise rue de Richelieu, nᵒ 39, et appartenant à Mᵐᵉ Vᵛᵉ BRICARD, consentante, une plaque portant une inscription commémorative, conçue et disposée comme il suit :

DIDEROT
PHILOSOPHE ET LITTÉRATEUR
PRINCIPAL AUTEUR DE L'*ENCYCLOPÉDIE*
NÉ A LANGRES
LE 5 OCTOBRE 1713
EST MORT DANS CETTE MAISON
LE 31 JUILLET 1784

L'opération a été constatée par MM. Edgar MAREUSE, secrétaire, et Maurice DU SEIGNEUR, membre du Comité des Inscriptions parisiennes, et Paul Le VAYER, inspecteur des Travaux historiques de la Ville de Paris.
En foi de quoi nous avons rédigé et signé le présent procès-verbal.

Signé : J. BOUVARD.

(1) Suivant la tradition, Diderot aurait été inhumé dans la chapelle de la Vierge.

MIRABEAU

MAISON MORTUAIRE DE MIRABEAU
42, RUE DE LA CHAUSSÉE-D'ANTIN

MIRABEAU
42, rue de la Chaussée-d'Antin.

MIRABEAU

EST MORT

DANS CETTE MAISON

LE 2 AVRIL

1791

PIÈCES JUSTIFICATIVES

I

EXTRAIT du registre des actes de baptême de la paroisse de Bignon (1).

Le 16ᵉ jour de mars 1749 fut baptisé messire GABRIEL-HONORÉ DE RIQUETI, né le 9 de ce mois et ondoyé le 10, fils de hᵗ et pᵗ seigʳ Messire VICTOR DE RIQUETI, marquis de Mirabeau, comte de Beaumont, seignʳ de Bignon et autres lieux, et de hᵗᵉ et pᵗᵉ dame MARIE-GENEVIÈVE DE VASSAN.

(Jal, *Dict. crit. de biographie et d'histoire*, 2ᵉ édit. *Additions*, p. 1320.)

II

EXTRAIT du registre des actes de décès de la paroisse Saint-Eustache de Paris.

Fº 37, Nº 403. Le lundi 4 avril 1791, GABRIEL-HONORÉ RIQUETTI DE MIRABEAU, âgé de quarante-deux ans, député à l'Assemblée nationale, ex-président d'icelle, membre du directoire du département de Paris et commandant de bataillon dans la garde nationale parisienne, époux de dᵉ MARIE-MARGUERITE-ÉMILIE DE COREL DE MARIGNANE, décédé d'avant-hier en sa maison, rue et chaussée d'Antin, nº 69, a été présenté à cette église et de là transporté en clergé en celle de Sᵗᵉ-Geneviève pour y être déposé conformément au décret de l'Assemblée nationale de ce jour, le tout en présence de M. le Président de l'Assemblée nationale et de MM. les Secrétaires d'icelle, de M. le Président du dépᵗ de Paris et officiers municipaux, de M. le Commandant général de la garde nationale de Paris et d'autres officiers civils et militaires et notamment de MM. le Président et Commissaires de la section de la Grange-Batelière et de CHARLES-ANNET-VICTORIN DE LASTEYRIE DU SAILLANT, son neveu et légataire universel, et de CHARLES-LOUIS-JEAN-GASPARD DE LASTEYRIE DU SAILLANT, son beau-frère, et d'AUGUSTE-MARIE-RAYMOND DAREMBERG DE LA MARCK et NICOLAS-THÉRÈSE-BENOÎT FROCHOT, exécuteurs testamentaires et députés à l'Assemblée nationale. — *Signé :* TRONCHET, Président de l'Assemb. nat. ; D. LEMARECHAL, secʳᵉ ; DEVROSME, secʳᵉ ; DE RAUCOURT-DEVILIERS, secʳᵉ ; Sᵗ-MARTIN, secʳᵉ ; BOISSY, secʳᵉ de l'Assemblée ; DU SAILLANT ; LA ROCHEFOUCAULT, présidᵗ du département ; MAUGIS-MARÉCHAL, commissʳᵉ ; P. DAREMBERG DE LA MARCK ; DESMOUSSEAUX, substitut adjᵗ du procʳ de la Commune ; BOURET, président de la section de la Grange-Batelière ; AUVRAY, commʳᵉ ; LASTEYRIE-DUSAILLANT ; FROCHOT ; LAFAYETTE ; LANGLOIS, cidevant conseiller ; TISSEREAUX, commissʳᵉ ; POUPART, c. v. g. (convoi général.)

(Jal, *Dict. crit. de biographie et d'histoire*, 2ᵉ édit., *Additions*, p. 1320.)

PROCÈS-VERBAL d'apposition de plaque commémorative.

L'an mil huit cent quatre-vingt-sept, le vingt-huit mai,
Nous, soussigné, JOSEPH-ANTOINE BOUVARD, architecte de l'administration centrale de la Ville de Paris, Certifions avoir fait apposer, en exécution d'une délibération du Conseil municipal de Paris, en date du 26 mai 1886 et d'un arrêté de M. le Préfet de la Seine, en date du 17 juillet 1886, sur la façade d'une maison sise rue de la Chaussée-d'Antin, nº 24, et appartenant à M. GRUYER, consentant, une plaque portant une inscription commémorative, conçue et disposée comme il suit :

MIRABEAU
EST MORT
DANS CETTE MAISON
LE 2 AVRIL
1791

L'opération a été constatée par MM. EDGAR MAREUSE, secrétaire, et MAURICE DU SEIGNEUR, membre du Comité des Inscriptions parisiennes, et PAUL LE VAYER, Inspecteur des Travaux historiques de la Ville de Paris. En foi de quoi nous avons rédigé et signé le présent procès-verbal. *Signé :* J. BOUVARD.

---

(1) Le Bignon-Mirabeau, commune du canton de Ferrières, arrondissement de Montargis, département du Loiret.

SAINTE-BEUVE

MAISON MORTUAIRE DE SAINTE-BEUVE
11, RUE DU MONTPARNASSE

SAINTE-BEUVE

11, rue du Montparnasse

SAINTE-BEUVE
POÈTE ET CRITIQUE
NÉ A BOULOGNE - SUR - MER
LE 23 DÉCEMBRE 1804
EST MORT
DANS CETTE MAISON
LE 13 OCTOBRE 1869

PIÈCES JUSTIFICATIVES

I

Extrait des registres aux actes de naissance de la ville de Boulogne-sur-Mer (Pas-de-Calais).

L'an treize de la République et le trois nivôse, à une heure après midi, est comparue pardevant nous, EUSTACHE-RENÉ-GEORGES DUJAT, adjoint faisant pour l'empêchement du maire les fonctions d'officier public de l'état civil de la ville de Boulogne-sur-Mer, département du Pas-de-Calais, la dame ADÉLAÏDE LAFAILLE, femme DUBOUT, sage-femme jurée en cette ville, laquelle nous a présenté un enfant du sexe masculin, né le jour d'hier, à onze heures du matin, et auquel elle a déclaré donner les prénoms de CHARLES-AUGUSTIN, lequel enfant est né de dame AUGUSTINE COILLIOT, veuve du sieur CHARLES-FRANÇOIS SAINTE-BEUVE, contrôleur principal des droits réunis de l'arrondissement, directeur de l'octroi rural et de l'octroi municipal de Boulogne. Les dites déclaration et présentation faites en présence du sieur CHARLES-AUGUSTIN-MARIE HIBON-LAFFRESNOYE, demeurant en cette ville, âgé de cinquante ans, beloncle de l'enfant, et du sieur FRANÇOIS-XAVIER-ANDRÉ WISSOCQ, magistrat de sûreté et ancien juge au tribunal d'appel de Douay, demeurant en cette ville, âgé de quarante-deux ans, cousin-germain de l'accouchée à cause de JEANNE-ROSE LATTEIGNANT son épouse. Et ont la comparante et les témoins signé le présent acte après lecture faite. — Signé : ADELAID *(sic)* LAFAILLE, AUG. HIBON, WISSOCQ, DUJAT-WALLET.

Pour extrait conforme délivré le vingt-deux novembre mil huit cent quatre-vingt-quatre.

Le maire de Boulogne,
A. PETYT, adj^t.

II

VILLE DE PARIS
SIXIÈME ARRONDISSEMENT

Extrait du registre des actes de décès de l'année 1869.

Registre 39
n° 2104

Du quatorze octobre mil huit cent soixante-neuf. Acte de décès de CHARLES-AUGUSTIN SAINTE-BEUVE, sénateur, membre de l'Académie, âgé de soixante-quatre ans, né à Boulogne (Pas-de-Calais), décédé le treize octobre, à une heure et demie du soir, rue du Montparnasse n° 11, célibataire, sans autres renseignements.

Délivré à Paris, le dix-sept novembre mil huit cent quatre-vingt-quatre.

L'officier de l'état civil,
Signé : JULES VALABREGUE, adj^t.

PROCÈS-VERBAL d'apposition de plaque commémorative.

L'an mil huit cent quatre-vingt-sept, le vingt-huit mai,
Nous, soussigné, JOSEPH-ANTOINE BOUVARD, architecte de l'administration centrale de la Ville de Paris,
Certifions avoir fait apposer, en exécution d'une délibération du Conseil municipal de Paris, en date du 26 mai 1886, et d'un arrêté de M. le Préfet de la Seine, en date du 17 juillet 1886, sur la façade d'une maison sise rue du Montparnasse n° 11, et appartenant à M. DENTU, consentant, une plaque portant une inscription commémorative, conçue et disposée comme il suit :

SAINTE-BEUVE
POÈTE ET CRITIQUE
NÉ A BOULOGNE-SUR-MER
LE 23 DÉCEMBRE 1804
EST MORT
DANS CETTE MAISON
LE 13 OCTOBRE 1869

L'opération a été constatée par MM. EDGAR MAREUSE, secrétaire, et MAURICE DU SEIGNEUR, membre du Comité des Inscriptions parisiennes, et PAUL LE VAYER, inspecteur des Travaux historiques de la Ville de Paris.

En foi de quoi nous avons rédigé et signé le présent procès-verbal.

Signé : J. BOUVARD.

EDGAR QUINET

RÉSIDENCE D'EDGAR QUINET DE 1840 AU 2 DÉCEMBRE 1851
32, RUE DU MONTPARNASSE

EDGAR QUINET
32, rue du Montparnasse

EDGAR QUINET
REPRÉSENTANT DU PEUPLE
PROFESSEUR AU COLLÈGE DE FRANCE
NÉ EN 1803 — MORT EN 1875
HABITA CETTE MAISON
DE 1840
AU 2 DÉCEMBRE 1851

PIÈCES JUSTIFICATIVES

I

EXTRAIT des registre des actes de l'état civil de la ville de Bourg (Ain).

Naissance
de
QUINET
JEAN-LOUIS-EDGARD
f° 34 r°

Du vingt neuf pluviôse an onze.

Acte de naissance de JEAN-LOUIS-EDGARD QUINET, né le jour d'hier, à six heures du soir, fils de JÉRÔME QUINET, commissaire des guerres, et de ANNE-MARIE-CHARLOTTE-EUGÉNIE ROSAT, mariés, demeurant à Bourg. L'enfant a été reconnu être du sexe masculin, et les témoins ont été JEAN-JOSEPH-EMMANUEL DESPINEY, secrétaire en chef de la mairie et GUILLAUME PUTOD, employé au bureau de ladite mairie, majeurs et domiciliés audit Bourg ; sur la réquisition à moi faite par le père de l'enfant qui a signé, ainsi que les témoins. *Signé :* QUINET, DESPINEY et PUTOD.

Constaté suivant la loi par moi, Maire, soussigné, faisant les fonctions d'officier de l'état civil. *Signé :* CHOSSAT SAINT-SULPICE.

Pour extrait certifié conforme :
Bourg, Hôtel de Ville, le 18 septembre 1885.

Le Maire,
Signé : BELAYSOUD.

II

EXTRAIT du registre des actes de décès de la ville de Versailles pour l'année 1875.

D'un acte en date à Versailles du vendredi vingt-sept mars mil huit cent soixante quinze. Il appert que JEAN-LOUIS-EDGAR QUINET, Député de la Seine, né à Bourg (Ain), le dix-sept février mil huit cent trois, fils de JÉRÔME QUINET et de EUGÉNIE ROSA *(sic)* son épouse, est décédé le vingt sept mars mil huit cent soixante-quinze, à cinq heures du matin, en sa demeure, à Versailles, boulevard de la Reine, 67. Veuf en premier mariage (on n'a pu indiquer les noms et prénoms) *(sic)* et époux en second de HERMIONE-GLIKERE ASAKI, âgée de quarante quatre ans, même demeure.

Pour extrait conforme :
Délivré le 1er décembre 1885.

Le Maire,
Signé : ÉDOUARD LEFEBVRE.

PROCÈS-VERBAL d'apposition de plaque commémorative.

L'an mil huit cent quatre-vingt-sept, le vingt-huit mai,

Nous, soussigné, JOSEPH-ANTOINE BOUVARD, architecte de l'administration centrale de la Ville de Paris,

Certifions avoir fait apposer, en exécution d'une délibération du Conseil municipal de Paris, en date du 26 mai 1886, et d'un arrêté de M. le Préfet de la Seine, en date du 17 juillet 1886, sur la façade d'une maison sise rue du Montparnasse, n° 32, et appartenant à M. DÉGLIN, consentant, une plaque portant une inscription commémorative, conçue et disposée comme il suit :

EDGAR QUINET
REPRÉSENTANT DU PEUPLE
PROFESSEUR AU COLLÈGE DE FRANCE
NÉ EN 1803 — MORT EN 1875
HABITA CETTE MAISON
DE 1840
AU 2 DÉCEMBRE 1851

L'opération a été constatée par MM. EDGAR MAREUSE, secrétaire, et MAURICE DU SEIGNEUR, membre du Comité des Inscriptions parisiennes, et PAUL LE VAYER, inspecteur des Travaux historiques de la Ville de Paris.

En foi de quoi nous avons rédigé et signé le présent procès-verbal. *Signé :* J. BOUVARD.

LA FONTAINE

LA FONTAINE
Hôtel des Postes
Rue Jean-Jacques-Rousseau

JEAN DE LA FONTAINE
NÉ LE 8 JUILLET
1621
EST MORT LE 13 AVRIL
1695
A L'HOTEL D'HERVART
QUI S'ÉLEVAIT
A CETTE PLACE

PIÈCES JUSTIFICATIVES

I

VILLE DE CHÂTEAU-THIERRY

EXTRAIT des registres des actes de baptême de la paroisse Saint-Crépin de Château-Thierry. (1616-1634.)

Ce VIIIe jour de ce présent mois [juillet] et an mil six cent vingt et un, a esté baptizé par moy, soussigné, curé, un fils nommé JEHAN ; le père Me CHARLES DE LA FONTAINE, Conseiller du roy et Maistre des eaux et forests au Duché de Chasteau-Thierry ; la mère damoiselle FRANÇOISE PYDOU. Le parain honorable homme JEHAN DE LA FONTAINE ; la maraine CLAUDE JOSSE, femme de Me LOUIS GUERIN, aussy Maistre des eaux et forests audit lieu. *(Signé)* : M. LA VALLÉE, prestre ; DE LA FONTAINE.

POUR EXTRAIT :
Château-Thierry, le 11 juin 1888.

Le Maire,
Signé : DEVILLE.

II

EXTRAIT des registres des actes de décès de la paroisse Saint-Eustache de Paris. — Année 1695.

Le jeudy 14e [avril] deffunct JEAN DE LA FONTAINE, un des quarante de l'Acad. françoise, âgé de soixante-seize ans, demeurant rue Plâtrière, à l'hostel Derval (1) décédé du 13e du présent mois, a esté inhumé au Cimetierre des Sts-Innocents. *(Signé)* CHANDELET. R. *(reçu)* 64^l 10^s.

(Jal, *Dict. crit. de biographie et d'histoire*, 2e édit., p. 723.)

PROCÈS-VERBAL d'apposition de plaque commémorative.

L'an mil huit cent quatre-vingt-sept, le seize juillet,
Nous, soussigné, JOSEPH-ANTOINE BOUVARD, architecte de l'administration centrale de la Ville de Paris,
Certifions avoir fait apposer, en exécution d'une délibération du Conseil municipal de Paris, en date du 26 mai 1886, et d'un arrêté de M. le Préfet de la Seine, en date du 17 juillet 1886, sur la façade d'une maison sise rue Jean-Jacques-Rousseau, appartenant à l'État, consentant, une plaque portant une inscription commémorative, conçue et disposée comme il suit :

JEAN DE LA FONTAINE
NÉ LE 8 JUILLET
1621
EST MORT LE 13 AVRIL
1695
A L'HOTEL D'HERVART
QUI S'ÉLEVAIT
A CETTE PLACE

L'opération a été constatée par MM. MAURICE DU SEIGNEUR, membre du Comité des Inscriptions parisiennes, et PAUL LE VAYER, inspecteur des Travaux historiques de la Ville de Paris.
En foi de quoi nous avons rédigé et signé le présent procès-verbal.

Signé : J. BOUVARD.

---

(1) Lisez : *d'Hervart*.

LA PLACE

MAISON MORTUAIRE DE LA PLACE
108, RUE DU BAC

LA PLACE
108, rue du Bac

LA PLACE
MATHÉMATICIEN ET ASTRONOME

NÉ LE 23 MARS 1749

EST MORT

DANS CETTE MAISON

LE 5 MARS 1827

PIÈCES JUSTIFICATIVES

I

EXTRAIT du registre des actes de l'état civil de Beaumont-en-Auge (1).

Le vingt-cinq mars mil sept cent quarante-neuf a été baptizé par nous, soussigné, PIERRE-SIMON, né du vingt-trois, fils de PIERRE DE LAPLACE et de MARIE-ANNE SOCHON, sa légitime épouze — a été son parrein PIERRE HALEY et sa marine MARIE-MAGDELEINE DE LAUNEY, qui ont signé avec nous. *(Suivent les signatures.)*

POUR EXTRAIT CERTIFIÉ CONFORME :
Pr le maire empêché,
L'Adjoint,
Signé : POUÊTRE.

II

PRÉFECTURE DU DÉPARTEMENT DE LA SEINE

RECONSTITUTION DES ACTES DE L'ÉTAT CIVIL
(Loi du 12 février 1872)

ACTE DE DÉCÈS

EXTRAIT du registre des actes de décès du 10ᵉ arrondissement de Paris.
Année 1827.

DE LA PLACE
PIERRE SIMON

Acte de décès du six mars mil huit cent vingt-sept, à trois heures après-midi. Le jour d'hier, à neuf heures du matin, est décédé rue du Bac, n° 108, Mr PIERRE-SIMON, Marquis DE LA PLACE, âgé de soixante dix huit ans, Pair de France, Grand Croix de la Légion d'honneur, Membre de l'Académie des sciences et de l'Académie française, marié à Dame MARIE-CHARLOTTE DE COURTY. Constaté par moi JEAN-ALEXANDRE PAUQUET DE VILLEJUST, adjoint au Maire du dixième arrondissement de Paris, chevalier de la Légion d'honneur, faisant les fonctions d'officier de l'État civil. Sur la déclaration de M. ADOLPHE-FRANÇOIS-RENÉ Marquis DE PORTES, demeurant rue St-Georges, n° 22, âgé de trente sept ans, gendre du défunt, et de M. JEAN-FRANÇOIS PECTOR, employé, demeurant rue de Grenelle n° 76, âgé de quarante sept ans. Lesquels ont signé avec nous, après lecture à eux faite de l'acte. *(Signé)* Mᶦˢ DE PORTES, PECTOR et PAUQUET.

Délivré, certifié conforme au Registre, par nous, Maire du dixième arrondissement. Paris, le douze mars mil huit cent vingt sept. *(Signé)* PAUQUET, adjᵗ.

Admis par la Commission (loi du 12 février 1872).
Le Membre de la Commission : (signé) BARROUX.

POUR EXPÉDITION CONFORME :
Paris, le quatorze août mil huit cent quatre-vingt-cinq.
L'Archiviste de la Seine,
Signé : G. SAINT-JOANNY.

PROCÈS-VERBAL d'apposition de plaque commémorative.

L'an mil huit cent quatre-vingt-sept, le seize juillet,
Nous, soussigné, JOSEPH-ANTOINE BOUVARD, architecte de l'Administration centrale de la Ville de Paris, Certifions avoir fait apposer, en exécution d'une délibération du Conseil municipal de Paris, en date du 26 mai 1886, et d'un arrêté de M. le Préfet de la Seine, en date du 17 juillet 1886, sur la façade d'une maison sise rue du Bac, n° 108, et appartenant à M. DE LA ROCHEFOUCAULD, consentant, une plaque portant une inscription commémorative conçue et disposée comme il suit :

LA PLACE
MATHÉMATICIEN ET ASTRONOME
NÉ LE 23 MARS 1749
EST MORT
DANS CETTE MAISON
LE 5 MARS 1827

L'opération a été constatée par MM. MAURICE DU SEIGNEUR, membre du Comité des Inscriptions parisiennes, et PAUL LE VAYER, inspecteur des Travaux de la Ville de Paris.
En foi de quoi nous avons rédigé et signé le présent procès-verbal. *Signé :* J. BOUVARD.

---

(1) Beaumont-en-Auge, commune des canton et arrondissement de Pont-l'Évêque, département du Calvados.

MAISON
DU GRAND COQ

MAISON DU GRAND COQ
6-8, quai du Marché-Neuf

THÉOPHRASTE RENAUDOT

FONDA EN 1631

LE PREMIER JOURNAL

IMPRIMÉ A PARIS

LA GAZETTE

DANS LA MAISON DU GRAND COQ

QUI S'ÉLEVAIT ICI

OUVRANT RUE DE LA CALANDRE

ET SORTANT AU MARCHÉ-NEUF

PROCÈS-VERBAL d'apposition de plaque commémorative.

L'an mil huit cent quatre-vingt-sept, le seize juillet,

Nous, soussigné, Joseph-Antoine BOUVARD, architecte de l'administration centrale de la Ville de Paris,

Certifions avoir fait apposer, en exécution d'une délibération du Conseil municipal de Paris, en date du 26 mai 1886, et d'un arrêté de M. le Préfet de la Seine, en date du 17 juillet 1886, sur la façade d'une maison sise quai du Marché-Neuf, n° 8, et appartenant à MM. DESOBLIAUX et LEJEUNE, consentants, une plaque portant une inscription *commémorative, conçue et disposée comme il suit* :

THÉOPHRASTE RENAUDOT
FONDA EN 1631
LE PREMIER JOURNAL
IMPRIMÉ A PARIS
LA GAZETTE
DANS LA MAISON DU GRAND COQ
QUI S'ÉLEVAIT ICI
OUVRANT RUE DE LA CALANDRE
ET SORTANT AU MARCHÉ-NEUF

L'opération a été constatée par MM. Maurice DU SEIGNEUR, membre du Comité des Inscriptions parisiennes, et Paul Le VAYER, inspecteur des Travaux historiques de la Ville de Paris.

En foi de quoi nous avons rédigé et signé le présent procès-verbal.

Signé : J. BOUVARD.

BOUGAINVILLE

MAISON MORTUAIRE DE BOUGAINVILLE
5, RUE DE LA BANQUE

BOUGAINVILLE
, rue de la Banque

DANS CETTE MAISON

EST MORT

LE 31 MARS 1811

ANTOINE DE BOUGAINVILLE

NAVIGATEUR

NÉ A PARIS

LE 12 NOVEMBRE 1729

PIÈCES JUSTIFICATIVES

PRÉFECTURE DU DÉPARTEMENT DE LA SEINE

RECONSTITUTION DES ACTES DE L'ÉTAT CIVIL
(Loi du 12 février 1872)

I

ACTE DE NAISSANCE

EXTRAIT du registre des actes de naissance de la paroisse Saint-Merry de Paris, année 1729.

DE BOUGAINVILLE
LOUIS-ANTOINE

Le 13 novembre mil sept cent vingt-neuf, a été baptisé un fils né le jour précédent et nommé LOUIS-ANTOINE fils de Mᵉ PIERRE-YVES DE BOUGAINVILLE, consᵉʳ du roi notaire au Châtelet de Paris et de Dᵉˡˡᵉ MARIE-FRANÇOISE DARBOULIN, son épouse, rue Bar-du-Bec. Le parain ANTOINE DARBOULIN DE LUSSAN, écuyer porte-manteau du roi. La maraine Dᵉˡˡᵉ MARIE-LOUISE-CHARLOTTE DARBOULIN, fille. *(Signé)* DARBOULIN, M.-L.-C. DARBOULIN, DE BOUGAINVILLE, LANIER. — Pour extrait conforme : Le 1ᵉʳ août 1827. Le secrétaire général *(signé)* DEFRESNE. — Admis par la Commission (loi du 12 février 1872). — *Le Membre de la Commission. Signé :* BARROUX.

POUR EXPÉDITION CONFORME :
Paris, le quatorze août mil huit cent quatre-vingt-cinq.
L'Archiviste de la Seine. Signé : G. SAINT-JOANNY.

II

ACTE DE DÉCÈS

EXTRAIT du registre des actes de décès du IIIᵉ arrondissement de Paris, année 1811.

DEBOUGAINVILLE
LOUIS-ANTOINE

L'an mil huit cent onze, le deux septembre pardevant nous Maire du troisième arrondissement de Paris, soussigné faisant fonctions d'officier de l'état civil, sont comparus : les sʳˢ LOUIS-PIERRE AGIS, baron DE SAINT-DENIS, ancien capitaine de dragons, âgé de quarante-neuf ans, demeurant à Paris rue du Faubourg-Poissonnière nº 52, cousin du défunt et JEAN PINGARD employé à l'Institut, âgé de cinquante-quatre ans, demeurant à Paris au palais des Beaux-Arts, ami. Lesquels nous ont déclaré que M. LOUIS-ANTOINE DEBOUGAINVILLE vice-amiral, Membre de l'Institut de France et du Bureau des Longitudes, comte de l'Empire, Membre du Sénat, grand-officier de la Légion d'honneur, âgé de quatre-vingt-deux ans, natif de Paris, département de la Seine, veuf de MARIE-JOSÉPHINE-FLORE DEMONTENDRE est décédé avant-hier à onze heures du soir à Paris, passage des Petits-Pères nº 5, division du Mail. Lesquels déclarants ont signés *(sic)* avec nous le présent acte de décès, ainsi que le sieur VERDIER médecin, après lecture faite *(ainsi signé au registre)* AGIS Bᵒⁿ DE SAINT-DENIS, PINGARD, VERDIER, HEURTIN et J.-J. ROUSSEAU maire. Le présent délivré par nous Maire du troisième arrondissement de Paris, le vingt-huit novembre mil huit cent onze *(signé)* J.-J. ROUSSEAU. — Expédié et collationné *(signé)* MOCQUARD notaire à Paris. — Admis par la Commission (loi du 12 février 1872). — *Le Membre de la Commission. Signé :* BARROUX.

POUR EXPÉDITION CONFORME :
Paris, le quatorze août mil huit cent quatre-vingt-cinq.
L'Archiviste de la Seine. Signé : G. SAINT-JOANNY.

PROCÈS-VERBAL d'apposition de plaque commémorative.

L'an mil huit cent quatre-vingt-sept, le seize juillet,
Nous, soussigné, JOSEPH-ANTOINE BOUVARD architecte de l'administration centrale de la Ville de Paris,
Certifions avoir fait apposer, en exécution d'une délibération du Conseil municipal de Paris, en date du 26 mai 1886, et d'un arrêté de M. le Préfet de la Seine, en date du 17 juillet 1886, sur la façade d'une maison sise rue de la Banque, nº 5, et appartenant à M. BOUVRET, administrateur de la Galerie Vivienne, consentant, une plaque portant inscription commémorative, conçue et disposée comme il suit :

DANS CETTE MAISON
EST MORT
ANTOINE DE BOUGAINVILLE
NAVIGATEUR
NÉ A PARIS
LE 12 NOVEMBRE 1729

L'opération a été constatée par MM. MAURICE DU SEIGNEUR, membre du Comité des Inscriptions parisiennes, et PAUL LE VAYER, inspecteur des Travaux historiques de la Ville de Paris.
En foi de quoi nous avons rédigé et signé le présent procès-verbal. *Signé :* J. BOUVARD.

ALFRED DE VIGNY

MAISON MORTUAIRE D'ALFRED DE VIGNY
6, RUE DES ÉCURIES-D'ARTOIS

ALFRED DE VIGNY
6, rue des Écuries-d'Artois

LE POÈTE

ALFRED DE VIGNY

NÉ A LOCHES

LE 27 MARS 1797

EST MORT DANS CETTE MAISON

LE 17 SEPTEMBRE 1863

PIÈCES JUSTIFICATIVES

I

EXTRAIT du registre des actes de l'état civil (naissances) de la ville de Loches (Indre et Loire).

Naissance de ALFRED-VICTOR DEVIGNY

Aujourd'hui huit germinal an cinq de la République une et indivisible à quatre heures du soir.
Devant moi, JEAN PICARD-OUVRARD, agent municipal de la commune de Loches, soussigné, est comparu à la maison commune de Loches, le citoyen LÉON-PIERRE DEVIGNY, accompagné du citoyen JOSEPH NOGERÉE, propriétaire, âgé de cinquante quatre ans et de la citoyenne ROSE-CHARLES MAUSSABRÉ, épouse dudit citoyen NOGERÉE, âgée de quarante cinq ans, tous domiciliés de cette commune, lequel m'a déclaré que la citoyenne MARIE-JEANNE-AMÉLIE BARAUDIN son épouse, en légitime mariage, est accouchée hier sur les dix heures du soir, dans son domicile, situé faubourg de Gesgon en cette commune, d'un enfant mâle qu'il m'a présenté, et auquel il a donné les prénoms de ALFRED-VICTOR.
D'après cette déclaration que le citoyen JOSEPH NOGERÉE et la citoyenne ROSE-CHARLES MAUSSABRÉ ont certifié véritable. J'ai rédigé le présent acte en présence du citoyen LÉON-PIERRE VIGNY *(sic)*, père de l'enfant et des deux tesmoins ci-dessus dénommé, qui ont signé avec moi
Fait en la maison commune de Loches, les jours, moi et an que dessus.
Le registre est signé : LÉON DEVIGNY, NOGERÉE, MAUSSABRÉ, D. NOGERÉE, SOPHIE BARAUDIN et PICARD-OUVRARD adjoint.

POUR EXTRAIT CONFORME :
Mairie de Loches, le 2 avril 1887.   *Le Maire,*
Signé : A. DELAPORTE.

II

PRÉFECTURE DU DÉPARTEMENT DE LA SEINE

EXTRAIT des minutes des actes de décès du huitième arrondissement de Paris

L'an mil huit cent soixante trois, le dix huit septembre,
Acte de décès de ALFRED-VICTOR comte DE VIGNY, membre de l'Académie française, officier de la Légion d'honneur, âgé de soixante quatre ans ; veuf de LYDIA-JANE BUMBURY : fils de (noms des père et mère ignorés des déclarants) ledit défunt né à Loches (Indre-et-Loire), et décédé à Paris, en son domicile, rue des Écuries-d'Artois, n° 6, hier à une heure du soir.
Dressé par nous, adjoint au maire, officier de l'état civil du huitième arrondissement de Paris, Elysée, sur la déclaration de LOUIS-JOSEPH DE PIERRES, âgé de trente six ans, propriétaire, demeurant à Paris, rue de la Sourdière-St-Honoré, n° 11, cousin du défunt, et de LOUIS RATISBONNE, âgé de trente six ans, homme de lettres, demeurant à Paris, avenue de St-Cloud, n° 121, lesquels ont signé avec nous, après lecture. Suivent les signatures.

POUR EXPÉDITION CONFORME :
Paris, le 4 avril 1887.   *Le Maire,*
Signé : P. BEURDELEY, adjt.

PROCÈS-VERBAL d'apposition de plaque commémorative.

L'an mil huit cent quatre-vingt-neuf, le samedi vingt-six janvier,
Nous, soussigné, JOSEPH-ANTOINE BOUVARD architecte de l'administration centrale de la Ville de Paris, Certifions avoir fait apposer, en exécution d'une délibération du Conseil municipal de Paris, en date du 20 juillet 1888, et d'un arrêté de M. le Préfet de la Seine, en date du 13 août 1888, sur la façade d'une maison sise rue des Écuries-d'Artois, n° 6, et appartenant à Mme MALO, consentante, une plaque portant inscription commémorative, conçue et disposée comme il suit :

LE POÈTE
ALFED DE VIGNY
NÉ A LOCHES
LE 27 MARS 1797
EST MORT DANS CETTE MAISON
LE 17 SEPTEMBRE 1863

L'opération a été constatée par MM. EDGAR MAREUSE, secrétaire, et MAURICE DU SEIGNEUR, membre du Comité des Inscriptions parisiennes ; ARMAND RENAUD, inspecteur en chef des Beaux-Arts et Travaux historiques de la Ville de Paris, et LOUIS RATISBONNE, ami et légataire des œuvres d'ALFRED DE VIGNY.
En foi de quoi nous avons rédigé et signé le présent procès-verbal.   *Signé* : J. BOUVARD.

L'ABBÉ DE L'ÉPÉE

L'ABBÉ DE L'ÉPÉE
23, rue Thérèse

I

LE NOM DE L'ABBÉ DE L'ÉPÉE
PREMIER FONDATEUR
DE L'ÉTABLISSEMENT DES
SOURDS MUETS SERA PLACÉ
AU RANG DE CEUX DES CITOYENS
QUI ONT LE MIEUX MÉRITÉ DE
L'HUMANITÉ ET DE LA PATRIE

DÉCRET DE L'ASSEMBLÉE CONSTITUANTE
DU 21 JUILLET 1789.

II

L'ABBÉ DE L'ÉPÉE
INSTITUTEUR DES SOURDS MUETS
OUVRIT SON ÉCOLE EN 1760
DANS UNE MAISON
AUJOURD'HUI DÉMOLIE
DE LA RUE DES MOULINS
OÙ IL MOURUT
ENTOURÉ DE SES ÉLÈVES
LE 23 DÉCEMBRE 1789

PIÈCES JUSTIFICATIVES

I
PRÉFECTURE DU DÉPARTEMENT DE LA SEINE
RECONSTITUTION DES ACTES DE L'ÉTAT CIVIL
(*Loi du 12 février 1872*)

ACTE DE DÉCÈS
Paroisse Saint-Roch, année 1789.

DE LESPÉE
CHARLES-MICHEL

L'an mil sept cent quatre vingt neuf, le vingt quatre décembre a été inhumé en cette Eglise vénérable et scientifique Personne, Messire CHARLES MICHEL DE LESPÉE, Pretre du diocèse de Troyes, Licentié en droit, Instituteur gratuit des Sourds Muets, décédé hier, en cette paroisse, rue des Moulins, âgé de soixante dix sept ans environ, Présents M. JEAN BAPTISTE CHARLES LE BAS, receveur des fermes du Roy, cousin paternel, rue Pavée, paroisse St André des Arts ; M. JEAN MARTIN DUCLUZEAU, chirurgien ordinaire du Roy, cousin paternel, rue St Honoré, en cette paroisse et M. DEGARS DE COURCELLES, qui ont signé avec nous, curé. Auquel convoi ont assisté MM. les représentants de la commune de Paris, députés par l'Assemblée générale, escortés de six gardes de la ville, commandés par un officier. *Signé :* L'abbé FAUCHER, représentant de la commune ; QUATREMÈRE fils, représentant de la commune, GRANDIN, représentant de la commune ; DESVIGNES, représentant de la commune ; LE BAS, CLUZEAU, DEGARS DE COURCELLES.

Collationné à l'original par nous, Prêtre soussigné, dépositaire des Registres et Archives de la d. Paroisse et délivré le vingt-sept décembre 1789. *Signé :* PICQUENOT. Expédié et collationné : *Signé :* PINGUET, notaire à Paris. — Admis par la Commission (Loi du 12 février 1872). Le Membre de la Commission, *Signé :* DE BERLY.

POUR EXPÉDITION CONFORME :
Paris, le six avril mil huit cent quatre-vingt-sept.
L'Archiviste de la Seine,
Signé : G. SAINT-JOANNY.

PROCÈS-VERBAL d'apposition de plaque commémorative.

L'an mil huit cent quatre-vingt-neuf, le jeudi treize juin,
Nous, soussigné, JOSEPH-ANTOINE BOUVARD, architecte de l'administration centrale de la Ville de Paris,
Certifions avoir fait apposer, en exécution d'une délibération du Conseil municipal de Paris, en date du 20 juillet 1888, et d'un arrêté de M. le Préfet de la Seine, en date du 13 août 1888, sur la façade d'une maison sise rue Thérèse, n° 23, et appartenant à M. LEQUEU, consentant, deux plaques portant les inscriptions commémoratives, conçues et disposées comme il suit :

I

LE NOM DE L'ABBÉ DE L'ÉPÉE
PREMIER FONDATEUR
DE L'ÉTABLISSEMENT DES
SOURDS MUETS SERA PLACÉ
AU RANG DE CEUX DES CITOYENS
QUI ONT LE MIEUX MÉRITÉ DE
L'HUMANITÉ ET DE LA PATRIE

DÉCRET DE L'ASSEMBLÉE CONSTITUANTE
DU 21 JUILLET 1789.

II

L'ABBÉ DE L'ÉPÉE
INSTITUTEUR DES SOURDS MUETS
OUVRIT SON ÉCOLE EN 1760
DANS UNE MAISON
AUJOURD'HUI DÉMOLIE
DE LA RUE DES MOULINS
OÙ IL MOURUT
ENTOURÉ DE SES ÉLÈVES
LE 23 DÉCEMBRE 1789

L'opération a été constatée par MM. MAURICE DU SEIGNEUR et L.-M. TISSERAND, membres du Comité des Inscriptions parisiennes, et PAUL LE VAYER, inspecteur des Travaux historiques de la Ville de Paris.
En foi de quoi, nous avons rédigé et signé le présent procès-verbal. *Signé :* J. BOUVARD.

MIGNARD

MAISON MORTUAIRE DE MIGNARD

23 bis, RUE RICHELIEU

MIGNARD
23 bis, rue Richelieu

LE PEINTRE

PIERRE MIGNARD

NÉ A TROYES EN 1603

EST MORT

DANS CETTE MAISON

LE 30 MAI 1695

PIÈCES JUSTIFICATIVES

I

MAIRIE DE LA VILLE DE TROYES

EXTRAIT des registres de baptême de la paroisse de Saint-Jean de Troyes pour l'année 1603.

Le vingt-deux juillet mil six cent trois est né Pierre MIGNARD, fils de Pierre MIGNARD et de Marie GALLARD, son épouse, de cette paroisse.
Troyes, ce 8 avril 1887.

Le Conseiller municipal délégué,
Signé : COSTIER.

II

Pierre MIGNARD mourut le 30 mai 1695 et fut enterré le 31. Il trépassa rue de Richelieu : ses fils Charles et Rodolphe assistèrent à ses obsèques : il fut inhumé dans l'église Saint-Roch.

(Reg. de Saint-Roch, f° 89, année 1695.)

Sa femme Anna AVOLARA mourut rue de Richelieu, le 12 avril 1698, âgée de 70 ans environ, et fut inhumée dans le caveau à l'entrée du chœur de l'église Saint-Roch, sa paroisse.

(Jal, *Dict. crit. de biographie et d'histoire*, 2ᵉ édit., p. 861-862.)

PROCÈS-VERBAL d'apposition de plaque commémorative.

L'an mil huit cent quatre-vingt-neuf, le jeudi treize juin,

Nous, soussigné, Joseph-Antoine BOUVARD, architecte de l'administration centrale de la Ville de Paris,

Certifions avoir fait apposer, en exécution d'une délibération du Conseil municipal de Paris, en date du 20 juillet 1888, et d'un arrêté de M. le Préfet de la Seine, en date du 13 août 1888, sur la façade d'une maison sise rue Richelieu, n° 23 *bis*, et appartenant à M. JULHE, consentant, une plaque portant une inscription commémorative, conçue et disposée comme il suit :

LE PEINTRE
PIERRE MIGNARD
NÉ A TROYES EN 1603
EST MORT
DANS CETTE MAISON
LE 30 MAI 1695

L'opération a été constatée par MM. Maurice DU SEIGNEUR et L.-M. TISSERAND, membres du Comité des Inscriptions parisiennes, et Paul Le VAYER, inspecteur des Travaux historiques de la Ville de Paris.

En foi de quoi nous avons rédigé et signé le présent procès-verbal.

Signé : J. BOUVARD.

AUBER

MAISON MORTUAIRE D'AUBER
22-24, RUE SAINT-GEORGES

AUBER
22-24, rue Saint-Georges

FRANÇOIS AUBER

COMPOSITEUR DE MUSIQUE

NÉ A CAEN

LE 29 JANVIER 1782

EST MORT DANS CETTE MAISON

LE 12 MAI 1871

PIÈCES JUSTIFICATIVES.

I

DÉPARTEMENT DU CALVADOS

VILLE DE CAEN

EXTRAIT *des registres des actes de baptême de la paroisse Saint-Julien.*

DANIEL FRANÇOIS ESPRIT AUBER

L'an mil sept cent quatre vingt deux, le mercredy trente janvier, Nous Curé soussigné, avons baptisé un fils né d'hier du légitime mariage de JEAN-BAPTISTE-DANIEL AUBER, Officier des chasses du Roy, Et de FRANÇOISE ADELAÏDE ESPRIT VINCENT, demeurants à Paris aux petites Ecuries du Roy, faubourg St Denis à Paris, paroisse Saint Laurent, lequel a été nommé DANIEL-FRANÇOIS-ESPRIT, par DANIEL AUBER, peintre du Roy, assisté de FRANÇOISE-SOPHIE VINCENT, ledit parrain représenté par JEAN-BAPTISTE NORMAND et la ditte marreine par MARIE DUCLOS qui ont conjointement signés *(sic)* avec nous. *Signé :* JEAN BAPTISTE NORMAND — DUCLOS — BUNOUF, custos — DESBORDEAUX, curé de St Julien.

Le présent extrait certifié conforme au registre délivré par Nous Maire de la Ville de Caen.

A l'Hôtel de Ville le vingt six février 1886.

Signé : QUERUELLE adjt.

II

VILLE DE PARIS

NEUVIÈME ARRONDISSEMENT

EXTRAIT *du registre des actes de décès de l'année 1871.*

Registre C
N° 5.

Du 3 août mil huit cent soixante onze, Acte de Décès de DANIEL-FRANÇOIS-ESPRIT AUBER, Directeur du Conservatoire de Musique, Membre de l'Institut, Grand officier de la Légion d'honneur, âgé de quatre vingt neuf ans, né à Caen (Calvados) décédé le Douze mai dernier, à une heure du matin en son domicile rue St Georges, 24, Célibataire. Le présent acte dressé en présence de HENRI-JOSEPH YVER, Notaire honoraire âgé de soixante cinq ans, demeurant rue Bleue, 13, et JEAN-BAPTISTE WECKERLIN, compositeur de musique, âgé de quarante six ans, demeurant rue St Georges, 24. Témoins qui ont signé avec nous EMILE FERRY, Maire, après lecture. *Signé :* YVER — WECKERLIN — E. FERRY.

Extrait délivré par nous, Maire du neuvième arrondissement.

Paris, le 3 mars mil huit cent quatre-vingt-six.

Le Maire du 9e arrondissement,

Signé : ALB. COHIN, adjt.

PROCÈS-VERBAL d'apposition de plaque commémorative.

L'an mil huit cent quatre-vingt-neuf, le samedi seize novembre, Nous, soussigné, JOSEPH-ANTOINE BOUVARD, architecte de l'administration centrale de la Ville de Paris, Certifions avoir fait apposer, en exécution d'une délibération du Conseil municipal de Paris, en date du 20 juillet 1888, et d'un arrêté de M. le Préfet de la Seine, en date du 13 août 1888, sur la façade d'une maison sise rue Saint-Georges, nos 22 et 24, et appartenant à M. PIOGEY, consentant, une plaque portant une inscription commémorative, conçue et disposée comme il suit :

FRANÇOIS AUBER
COMPOSITEUR DE MUSIQUE
NÉ A CAEN
LE 29 JANVIER 1782
EST MORT DANS CETTE MAISON
LE 12 MAI 1871

L'opération a été constatée par MM. EDGAR MAREUSE, secrétaire du Comité des Inscriptions parisiennes; PAUL LE VAYER, inspecteur des Travaux historiques de la Ville de Paris; VICTORIN JONCIÈRES et ALTÈS, membres de la Société des Compositeurs de musique.

En foi de quoi nous avons rédigé et signé le présent procès-verbal. *Signé :* J. BOUVARD.

BERLIOZ

MAISON MORTUAIRE DE BERLIOZ
4, RUE DE CALAIS

BERLIOZ
4, rue de Calais

DANS CETTE MAISON

EST MORT

LE 8 MARS 1869

HECTOR BERLIOZ

COMPOSITEUR

DE MUSIQUE

NÉ A

LA CÔTE-SAINT-ANDRÉ

LE 11 DÉCEMBRE

1803

PIÈCES JUSTIFICATIVES

I

EXTRAIT des registres des actes de l'état civil de la commune de la Côte-Saint-André, arrondissement de Vienne (Isère).

Du lundy vingtième jour du mois de frimaire, à onze heures du matin L'an douze de la République Française,

Acte de naissance de Louis-Hector BERLIOZ, né hier dimanche, dix-neuf de ce mois, à cinq heures du soir, fils légitime du citoyen Louis-Joseph BERLIOZ, officier de santé, domicilié à la Côte-Saint-André, et de Marie-Antoinette-Joséphine MARMION, mariés.

Le sexe de l'enfant a été reconnu être masculin. Premier témoin, le citoyen Auguste BUISSON, âgé de trente-trois ans, propriétaire, domicilié à la Côte-Saint-André.

Second témoin, le citoyen Jean-François RECOURDON, âgé de quarante ans, receveur des contributions, domicilié au même lieu.

Sur la réquisition à moi faite par le citoyen Louis BERLIOZ, père de l'enfant et ont signé : (*Signé*) L. BERLIOZ, RECOURDON et BUISSON.

Constaté suivant la loi, par moi Joseph-Louis-Marie de BUFFEVENT, maire de la Côte-Saint-André, faisant les fonctions d'officier public de l'état civil. *(Signé)* BUFFEVENT.

Pour extrait certifié conforme :
La Côte-Saint-André, le 19 avril 1886.

P. le Maire empêché :
L'Adjoint,
SAUTREAUX, Ch.

II

VILLE DE PARIS
NEUVIÈME ARRONDISSEMENT

EXTRAIT du registre des actes de décès de l'année 1869.

Reg. 24.
N° 345.

Du neuf mars mil huit cent soixante-neuf. Acte de décès de Louis-Hector BERLIOZ, compositeur de musique, membre de l'Institut, officier de la Légion d'honneur, âgé de soixante-cinq ans, né à la Côte-Saint-André (Isère), décédé hier à midi et demi, en son domicile, rue de Calais, 4, veuf en premier mariage de Henriette SMITHSON et aussi veuf en second mariage de Marie-Geneviève MARTIN.

Extrait délivré par nous, Maire du neuvième arrondissement.

Paris, le 17 avril mil huit cent quatre-vingt-six.

Le Maire du 9ᵉ arrondissement,
Signé : E. FERRY.

PROCÈS-VERBAL d'apposition de plaque commémorative.

L'an mil huit cent quatre-vingt-neuf, le samedi seize novembre,

Nous, soussigné, Joseph-Antoine BOUVARD, architecte de l'administration centrale de la Ville de Paris,

Certifions avoir fait apposer, en exécution d'une délibération du Conseil municipal de Paris, en date du 20 juillet *1888*, et d'un arrêté de M. le Préfet de la Seine, en date du 13 août 1888, sur la façade d'une maison sise rue de Calais, n° 4, et appartenant à M. RINARD, consentant, une plaque portant une inscription commémorative, conçue et disposée comme il suit :

> DANS CETTE MAISON
> EST MORT
> LE 8 MARS 1869
> HECTOR BERLIOZ
> COMPOSITEUR
> DE MUSIQUE
> NÉ A
> LA COTE-SAINT-ANDRÉ
> LE 11 DÉCEMBRE
> 1803

L'opération a été constatée par MM. Edgar MAREUSE, secrétaire du *Comité des Inscriptions parisiennes*; Paul Le VAYER, inspecteur des Travaux historiques de la Ville de Paris ; Victorin JONCIÈRES et ALTÈS, membres de la Société des compositeurs de musique.

En foi de quoi nous avons rédigé et signé le présent procès-verbal.

Signé : J. BOUVARD.

VICTOR MASSÉ

MAISON MORTUAIRE DE VICTOR MASSÉ
1, CITÉ FROCHOT

VICTOR MASSÉ
1, cité Frochot

VICTOR MASSÉ

COMPOSITEUR DE MUSIQUE

NE A LORIENT

LE 7 MARS 1822

EST MORT

DANS CETTE MAISON

LE 5 JUILLET 1884

PIÈCES JUSTIFICATIVES

I
MAIRIE DE LORIENT

EXTRAIT du registre des actes de naissance de la ville et commune de Lorient (Morbihan) pour l'année 1822 où est écrit ce qui suit :

Du 7 mars 1822
Naissance
de
FÉLIX-MARIE
MASSÉ

L'an mil huit cent vingt deux, le neuf mars à deux heures après midi par devant nous CLAUDE ANTOINE GUYON, chevalier de l'ordre royal et militaire de Saint-Louis, adjoint à la mairie de Lorient, faisant les fonctions d'officier de l'état civil, en vertu de la délégation spéciale de Monsieur le Maire est comparu MICHEL MASSÉ, cloutier, âgé de trente six ans, lequel nous a présenté un enfant du sexe masculin, né rue du Marché, numéro dix sept, avant hier, à huit heures du soir, de lui déclarant et de JEANNE MARIE LEMEUT, sa femme, mariés en cette commune le dix-huit octobre mil huit cent vingt-un, et auquel il a déclaré donner les prénoms de : FÉLIX-MARIE. Les dites présentation et déclaration faites en présence de JOSEPH MARIE CHEVALLIER cordonnier, âgé de trente quatre ans, et de JOSEPH RAUT, marin, âgé de quarante huit ans, accompagné de MARIE CHOTARD âgée de vingt-quatre ans. Tous domiciliés dans cette commune. Dont acte, que nous avons lu aux comparants et signé avec le premier témoin : le père et le second ayant déclaré ne savoir le faire.

Le registre dûment signé.

POUR EXTRAIT CONFORME :
En mairie, à Lorient, le huit avril 1887.

L'Adjoint délégué,
Signé : RIO.

II
VILLE DE PARIS
NEUVIÈME ARRONDISSEMENT

EXTRAIT du registre des actes de décès de l'année 1884.

Reg. 59.
N° 945.
MASSÉ

Du cinq juillet mil huit cent quatre vingt quatre, acte de décès de FÉLIX MARIE (dit VICTOR) MASSÉ, âgé de soixante deux ans, compositeur de musique, membre de l'Institut, officier de la Légion d'honneur, né à Lorient, Morbihan, décédé en son domicile, rue Laval 26, avenue Frochot, ce cinq juillet courant, à trois heures trois quarts du matin, fils de MICHEL MASSÉ et de JEANNE MARIE LEMEUT, son épouse, décédés, époux de ZOË MAYER, sans profession.

Extrait délivré par nous, Maire du neuvième arrondissement de Paris.
Paris, ce seize avril mil huit cent quatre vingt sept.

Le Maire du IX° arrondissement,
Signé : H. LESAGE, adj¹.

PROCÈS-VERBAL d'apposition de plaque commémorative.

L'an mil huit cent quatre-vingt-neuf, le samedi seize novembre,
Nous, soussigné, JOSEPH-ANTOINE BOUVARD, architecte de l'Administration centrale de la Ville de Paris,
Certifions avoir fait apposer, en exécution d'une délibération du Conseil municipal de Paris, en date du 20 juillet 1888, et d'un arrêté de M. le Préfet de la Seine, en date du 13 août 1888, sur la façade d'une maison sise cité Frochot, n° 1, et appartenant à M. CAUTHION, consentant, une plaque portant une inscription commémorative conçue et disposée comme il suit :

VICTOR MASSÉ
COMPOSITEUR DE MUSIQUE
NÉ A LORIENT
LE 7 MARS 1822
EST MORT
DANS CETTE MAISON
LE 5 JUILLET 1884

L'opération a été constatée par MM. EDGAR MAREUSE, secrétaire du Comité des Inscriptions parisiennes ; PAUL LE VAYER, inspecteur des Travaux historiques de la Ville de Paris, et MM. VICTORIN JONCIÈRES et ALTÈS membres de la Société des compositeurs de musique.

En foi de quoi nous avons rédigé et signé le présent procès-verbal.   *Signé :* J. BOUVARD.

BARYE

MAISON MORTUAIRE DE BARYE

4, QUAI DES CÉLESTINS

BARYE
4, quai des Célestins.

ANTOINE-LOUIS BARYE

SCULPTEUR

NÉ A PARIS

LE 24 SEPTEMBRE 1795

EST MORT

DANS CETTE MAISON

LE 25 JUIN 1875

PIÈCES JUSTIFICATIVES

I

PRÉFECTURE DU DÉPARTEMENT DE LA SEINE

RECONSTITUTION DES ACTES DE L'ÉTAT CIVIL
(Loi du 12 février 1872)

BARYE
ANTOINE-LOUIS

VILLE DE PARIS. — *Année 1795.*

L'an quatre de la République française, le deux vendémiaire (vingt-quatre septembre mil sept cent quatre vingt quinze) est né à Paris, Seine, ANTOINE-LOUIS, du sexe masculin, fils de PIERRE BARYE et de MARGUERITE CLAPARÈDE, son épouse.

Le Membre de la Commission :
Signé : ALFRED LEVESQUE.

POUR EXPÉDITION CONFORME :
Paris, le dix-huit avril mil huit cent quatre-vingt-sept.
L'Archiviste de la Seine,
G. SAINT-JOANNY

II

VILLE DE PARIS
QUATRIÈME ARRONDISSEMENT
Mairie de l'Hôtel-de-Ville.

L'an mil huit cent soixante-quinze à deux heures cinq minutes de relevée,
Acte de décès de ANTOINE-LOUIS BARYE, officier de la Légion d'honneur, membre de l'Institut, âgé de soixante-dix-huit ans; profession sculpteur, né à Paris, département de la Seine, décédé le vingt-cinq juin 1875, à 9 heures du soir, en son domicile quai des Célestins, 4, époux de AMÉLIE-ANTOINETTE HOUDART, fils de *(sans autres renseignements)*.

Le présent acte dressé par nous, maire du quatrième arrondissement, officier de l'état civil, sur la déclaration de PAUL HALL, âgé de trente-trois ans, employé, demeurant rue Bonaparte, 42, et de ARMAND-RENÉ LEBAULT, âgé de trente-huit ans, employé, demeurant rue Vicq-d'Azir, 4, qui ont signé avec nous, après lecture. *Signé :* HALL, LEBAULT et CAPET.

POUR COPIE CONFORME :
Paris le dix-huit avril mil huit cent quatre-vingt-sept.

Le Maire :
Signé : P. RICBOURG.

PROCÈS-VERBAL d'apposition de plaque commémorative.

L'an mil huit cent quatre-vingt-neuf, le samedi seize novembre,
Nous, soussigné, JOSEPH-ANTOINE BOUVARD, architecte de l'administration centrale de la Ville de Paris,
Certifions avoir fait apposer, en exécution d'une délibération du Conseil municipal de Paris, en date du 20 juillet 1888, et d'un arrêté de M. le Préfet de la Seine, en date du 13 août 1888, sur la façade d'une maison sise quai des Célestins, n° 4, et appartenant à M. GAILHARD, consentant, une plaque portant une inscription commémorative, conçue et disposée comme il suit :

ANTOINE-LOUIS BARYE
SCULPTEUR
NÉ A PARIS
LE 24 SEPTEMBRE 1795
EST MORT
DANS CETTE MAISON
LE 25 JUIN 1875

L'opération a été constatée par MM. EDGAR MAREUSE, secrétaire du Comité des Inscriptions parisiennes, et PAUL LE VAYER, inspecteur des Travaux historiques de la Ville de Paris.
En foi de quoi nous avons rédigé et signé le présent procès-verbal.

Signé : J. BOUVARD.

HÉGÉSIPPE MOREAU

MAISON NATALE D'HÉGÉSIPPE MOREAU
9, RUE SAINT-PLACIDE

HÉGÉSIPPE MOREAU
9, rue Saint-Placide

LE POÈTE

HÉGÉSIPPE MOREAU

MORT LE 19 DÉCEMBRE 1838

EST NÉ

DANS CETTE MAISON

LE 9 AVRIL 1810

PIÈCE JUSTIFICATIVE [1]

PRÉFECTURE DU DÉPARTEMENT DE LA SEINE

RECONSTITUTION DES ACTES DE L'ÉTAT CIVIL
(Loi du 12 février 1872)

ACTE DE DÉCÈS

X^e *arrondissement de Paris, année 1838*

L'an mil huit cent trente-huit, le dix-neuf décembre, est décédé à Paris, rue Jacob, 45, dixième arrondissement : HÉGÉSIPPE MOREAU, correcteur, âgé de vingt-huit ans, demeurant rue de Vaugirard, 26.

Le Membre de la Commission : *(Signé)* DE LALAIN-CHOMEL.

POUR EXPÉDITION CONFORME :

Paris, le dix juin mil huit cent quatre-vingt-sept.

L'*Archiviste de la Seine*,

Signé : G. SAINT-JOANNY.

PROCÈS-VERBAL d'apposition de plaque commémorative.

L'an mil huit cent quatre-vingt-neuf, le samedi seize novembre,
Nous, soussigné, JOSEPH-ANTOINE BOUVARD, architecte de l'administration centrale de la Ville de Paris,
Certifions avoir fait apposer, en exécution d'une délibération du Conseil municipal de Paris, en date du 20 juillet 1888, et d'un arrêté de M. le Préfet de la Seine, en date du 13 août 1888, sur la façade d'une maison sise rue Saint-Placide, n° 9, et appartenant à M. GAUTHIER, consentant, une plaque portant une inscription commémorative, conçue et disposée comme il suit :

LE POÈTE
HÉGÉSIPPE MOREAU
MORT LE 19 DÉCEMBRE 1838
EST NÉ
DANS CETTE MAISON
LE 9 AVRIL 1810

L'opération a été constatée par MM. EDGAR MAREUSE, secrétaire du Comité des Inscriptions parisiennes, et PAUL LE VAYER, inspecteur des Travaux historiques de la Ville de Paris.
En foi de quoi nous avons rédigé et signé le présent procès-verbal.

Signé : J. BOUVARD.

---

[1] L'acte de naissance d'Hégésippe Moreau n'a pas été reconstitué.

LES DOUZE
HÉROS PARISIENS
DE 886

**LES DOUZE
HÉROS PARISIENS**
de 886
2, place du Petit-Pont

A LA TÊTE DU PETIT PONT
S'ÉLEVAIT LA TOUR DE BOIS
QUE DÉFENDIRENT
CONTRE LES NORMANDS
PENDANT LE SIÈGE DE 886
LES DOUZE HÉROS PARISIENS

ERMENFROI	HERVI	HARDRÉ
HERVÉ	ARNAUD	GUY
HERLAND	SEUIL	AIMARD
OUACRE	JOBERT	GOSSOUIN

PROCÈS-VERBAL d'apposition de plaque commémorative.

L'an mil huit cent quatre-vingt-neuf, le samedi seize novembre,
Nous, soussigné, Joseph-Antoine BOUVARD, architecte de l'administration centrale de la Ville de Paris,
Certifions avoir fait apposer, en exécution d'une délibération du Conseil municipal de Paris, en date du 20 juillet 1888, et d'un arrêté de M. le Préfet de la Seine, en date du 13 août 1888, sur la façade d'une maison sise place du Petit-Pont, n° 2, et appartenant à l'ASSISTANCE PUBLIQUE, consentante, une plaque portant une inscription commémorative conçue et disposée comme il suit :

A LA TÊTE DU PETIT PONT
S'ÉLEVAIT LA TOUR DE BOIS
QUE DÉFENDIRENT
CONTRE LES NORMANDS
PENDANT LE SIÈGE DE 886
LES DOUZE HÉROS PARISIENS

ERMENFROI	HERVI	HARDRÉ
HERVÉ	ARNAUD	GUY
HERLAND	SEUIL	AIMARD
OUACRE	JOBERT	GOSSOUIN

L'opération a été constatée par MM. Edgar MAREUSE, secrétaire du Comité des Inscriptions parisiennes, et Paul Le VAYER, inspecteur des Travaux historiques de la Ville de Paris.
En foi de quoi nous avons rédigé et signé le présent procès-verbal.

Signé : J. BOUVARD.

JEU DE PAUME
DE LA CROIX NOIRE

**JEU DE PAUME
DE LA CROIX NOIRE**
32, quai des Célestins

A CETTE PLACE

S'ÉLEVAIT LE JEU DE PAUME

DE LA CROIX NOIRE

OÙ MOLIÈRE

ET LA TROUPE DE L'*ILLUSTRE THÉÂTRE*

JOUÈRENT EN 1645

PROCÈS-VERBAL d'apposition de plaque commémorative.

L'an mil huit cent quatre-vingt-neuf, le samedi seize novembre,
Nous, soussigné, Joseph-Antoine BOUVARD, architecte de l'administration centrale de la Ville de Paris,
Certifions avoir fait apposer, en exécution d'une délibération du Conseil municipal de Paris, en date du 20 juillet 1888, et d'un arrêté de M. le Préfet de la Seine, en date du 13 août 1888, sur la façade d'une maison sise quai des Célestins, n° 32, et appartenant à M. BEROLOTTI, consentant, une plaque portant une inscription commémorative, conçue et disposée comme il suit :

A CETTE PLACE
S'ÉLEVAIT LE JEU DE PAUME
DE LA CROIX NOIRE
OÙ MOLIÈRE
ET LA TROUPE DE L'*ILLUSTRE THÉATRE*
JOUÈRENT EN 1645

L'opération a été constatée par MM. Edgar MAREUSE, secrétaire du Comité des Inscriptions parisiennes, et Paul Le VAYER, inspecteur des Travaux historiques de la Ville de Paris.
En foi de quoi nous avons rédigé et signé le présent procès-verbal.

Signé : J. BOUVARD.

I

MOLIÈRE

MOLIÈRE
40, rue Richelieu.

ICI

S'ÉLEVAIT LA MAISON

OÙ

MOLIÈRE

NÉ A PARIS

LE 15 JANVIER 1622

EST MORT

LE 17 FÉVRIER 1673

PIÈCES JUSTIFICATIVES

I

EXTRAIT des registres de baptême de la paroisse Saint-Eustache de Paris.

Du samedi 15 janvier 1622, fut baptisé JEAN, fils de JEAN POUQUELIN, tapissier, et de MARIE CRESSÉ sa femme, demeurant rue Saint Honoré; le parrain JEAN POUQUELIN, porteur de grains; la marraine DENISE LESCACHEUX, veuve de feu SÉBASTIEN ASSELIN, vivant marchand tapissier.

(Despois et Mesnard, *Les Grands Écrivains de la France*, t. X, p. 461. — Jal, *Dict. crit. de biographie et d'histoire*, 2ᵉ édit., p. 871.)

II

EXTRAIT des registres de sépulture de la paroisse de Saint-Eustache de Paris.

Le mardy vingt-uniesme [février 1673] deffunct JEAN-BAPTISTE POQUELIN DE MOLIÈRE, tapissier, valet de chambre ordinaire du Roy, demeurant rue de Richelieu, proche l'Académie des P[e]intres, décédé le dix-septiesme du présent mois, a esté inhumé dans le cimetière de Saint-Joseph.

(Despois et Mesnard, *op. cit.*, p. 475.)

II

MOLIÈRE

MOLIÈRE
2, rue d'Auteuil.

ICI S'ÉLEVAIT

UNE MAISON DE CAMPAGNE

HABITÉE PAR MOLIÈRE

VERS 1667

PROCÈS-VERBAL d'apposition de plaque commémorative.

L'an mil huit cent quatre-vingt-neuf, le jeudi douze décembre,
Nous, soussigné, Joseph-Antoine BOUVARD, architecte de l'administration centrale de la Ville de Paris,
Certifions avoir fait apposer, en exécution d'une délibération du Conseil municipal de Paris, en date du 13 mai 1888, sur la façade d'une maison sise rue d'Auteuil, n° 2, et appartenant à M. BEROLOTTI, consentant, une plaque portant une inscription commémorative conçue et disposée comme il suit :

ICI S'ÉLEVAIT
UNE MAISON DE CAMPAGNE
HABITÉE PAR MOLIÈRE
VERS 1667

L'opération a été constatée par MM. Edgar MAREUSE, secrétaire, et Maurice DU SEIGNEUR, membre du Comité des Inscriptions parisiennes ; Armand RENAUD, inspecteur en chef des Beaux-Arts et des Travaux historiques, et Paul Le VAYER, inspecteur des Travaux historiques de la Ville de Paris.
En foi de quoi nous avons rédigé et signé le présent procès-verbal.

Signé : J. BOUVARD.

INGRES

MAISON MORTUAIRE DE J.-D. INGRES
11, QUAI VOLTAIRE

INGRES
11, quai Voltaire

LE PEINTRE

JEAN-DOMINIQUE INGRES

NÉ A MONTAUBAN

LE 29 AOÛT 1780

EST MORT

DANS CETTE MAISON

LE 14 JANVIER 1867

PIÈCES JUSTIFICATIVES

I

DÉPARTEMENT DE TARN-ET-GARONNE

MAIRIE DE MONTAUBAN

Naissances de l'année 1780.

INGRE
JEAN-AUGUSTE-
DOMINIQUE

L'an mil sept cent quatre-vingt et le quatorzième jour du mois de septembre, par nous prêtre vicaire de cette paroisse soussigné, ont été supplées (sic) les cérémonies du baptême de JEAN-AUGUSTE-DOMINIQUE INGRE, fils de JEAN-MARIE-JOSEPH INGRE, sculpteur, et de ANNE MOULET, mariés, né le vingt-neuvième aoust dernier, ondoyé à la maison le lendemain trentième dudit mois d'aoust par permission de Messieurs les vicaires généraux. Parrain, Mre AUGUSTE-PIERRE-JEAN-FRANÇOIS-MARIE DE ROURE, bachelier ; Marraine, damoiselle JEANNE-MARIE DE PUYLIGNIEUX, fille de Messire DOMINIQUE-ANTOINE DE PUYLIGNIEUX, chevalier, conseiller du Roy en tous ses conseils, premier président à la souveraine cour des Aydes et finances de Montauban ; le père présent, témoins soussignés avec nous. — Suivent les signatures.

Extrait conforme au registre des naissances de la paroisse Saint-Jacques de Montauban.

Montauban, le 8 avril 1887.

Le Maire,
Signé : ALEXIS BERGIS.

II

DÉPARTEMENT DE LA SEINE

VILLE DE PARIS

VIIe arrondissement. — Mairie du Palais-Bourbon.

Registre 15
N° 70

Acte de décès du quatorze janvier mil huit cent soixante-sept, à une heure du soir. Ce jourd'hui, à une heure du matin, est décédé, dans son domicile, quai Voltaire, n° 11, JEAN-AUGUSTE-DOMINIQUE INGRES, Peintre d'histoire, Sénateur, Membre de l'Institut, Grand-officier de la Légion d'honneur, âgé de quatre-vingt-six ans, né à Montauban (Tarn-et-Garonne), marié à DELPHINE RAMEL.

Le décès a été constaté suivant la loi par nous, officier de l'état civil du septième arrondissement de Paris, et le présent acte rédigé sur la déclaration de M. NORBERT-IRÉNÉE HACHE, docteur en médecine, maire de l'Haÿ (Seine), âgé de cinquante-six ans, demeurant à l'Haÿ, et de M. JEAN-FRANÇOIS GUILLE, notaire, âgé de quarante-six ans, demeurant à Meung-sur-Loire (Loiret), tous deux beaux-frères du défunt, lesquels ont signé avec nous, après lecture à eux faite de l'acte.

POUR COPIE CONFORME :
Paris, le 7 avril 1887.

Le Maire,
Signé : ALF. DEUTSCH.

PROCÈS-VERBAL d'apposition de plaque commémorative.

L'an mil huit cent quatre-vingt-neuf, le jeudi douze décembre,
Nous, soussigné, JOSEPH-ANTOINE BOUVARD, architecte de l'Administration centrale de la Ville de Paris, Certifions avoir fait apposer, en exécution d'une délibération du Conseil municipal de Paris, en date du 20 juillet 1888, et d'un arrêté de M. le Préfet de la Seine, en date du 13 août 1888, sur la façade d'une maison sise quai Voltaire, n° 11, et appartenant à M. BEAUVAIS, consentant, une plaque portant une inscription commémorative conçue et disposée comme il suit :

LE PEINTRE
JEAN-DOMINIQUE INGRES
NÉ A MONTAUBAN
LE 29 AOUT 1780
EST MORT
DANS CETTE MAISON
LE 14 JANVIER 1867

L'opération a été constatée par MM. EDGAR MAREUSE, secrétaire, et MAURICE DU SEIGNEUR, membre du Comité des Inscriptions parisiennes ; ARMAND RENAUD, inspecteur en chef des Beaux-Arts et des Travaux historiques, et PAUL LE VAYER, inspecteur des Travaux historiques de la Ville de Paris.

En foi de quoi nous avons rédigé et signé le présent procès-verbal.   *Signé :* J. BOUVARD.

ROSSINI

MAISON HABITÉE PAR ROSSINI DE 1857 A 1868
2, RUE DE LA CHAUSSÉE-D'ANTIN

ROSSINI
2, rue de la Chaussée-d'Antin

GIOACCHINO ROSSINI
COMPOSITEUR DE MUSIQUE
NÉ A PESARO
LE 29 FÉVRIER 1792
MORT A PASSY
LE 13 NOVEMBRE 1868
HABITA CETTE MAISON
DEPUIS 1857

PIÈCES JUSTIFICATIVES

I

EXTRAIT du registre des actes de baptême de la ville de Pesaro, province de Pesaro et Urbino (Italie).

« Adi 29 Febbraio 17 novantadue (1792) Mercordi », GIOVACCHINO-ANTONIO figlio di GIUSEPPE del fu GIOVACCHINO ROSSINI et di ANNA figlia di DOMENICO GUIDARINI Coniugi di questa Cura, è stato battezzato da me GIAMMICHELE GIUSTINIANI Curato.

Padrini furono il Nobile sig^r conte PAOLO MACCHIRELLI-GIORDANI, e la Nobile sig^{ra} CATTERINA GIOVANELLI nata SEMPRONI.

In quorum fidem, etc.

Datum Pisauri hac die 30 Novembris 1868.

FRANCISCUS GABUCCI, V. Curatus.

II

DÉPARTEMENT DE LA SEINE
VILLE DE PARIS (SEIZIÈME ARRONDISSEMENT)

EXTRAIT des minutes des actes de décès de la mairie du seizième arrondissement de Paris.

Registre 15.
Acte 781.

L'an mil huit cent soixante-huit, le quatorze novembre à deux heures du soir : devant nous, HENRI-PIERRE-ÉDOUARD Baron DE BONNEMAINS, officier de la Légion d'honneur, maire du seizième arrondissement de Paris, officier de l'état civil, ont comparu, JEAN-FRÉDÉRIC POSSOZ, âgé de soixante-onze ans, officier de la Légion d'honneur, ancien maire de Passy, membre du Conseil municipal de la ville de Paris, demeurant à Paris, chaussée de la Muette, 8, et LUIGI-FRANCESCO CERRUTI, âgé de quarante-huit ans, consul général d'Italie à Paris, officier de la Légion d'honneur et de l'ordre des Saints Maurice et Lazare, demeurant à Paris, rue Boissy-d'Anglas, 45, lesquels nous ont déclaré que le treize de ce mois, à onze heures du soir, est décédé en son domicile à Paris, avenue Ingres, 2, GIOACCHINO-ANTONIO ROSSINI, âgé de soixante-seize ans, compositeur de musique, membre de l'Institut, grand-officier de la Légion d'honneur et grand-croix de l'ordre des Saints Maurice et Lazare, grand-croix de la Couronne d'Italie, etc., né à Pesaro (Italie), veuf en premières noces de ISABELLE COLBRAN et marié en deuxièmes noces à OLYMPE DESCUILLIERS, âgée de soixante-sept ans, rentière, demeurant avec lui, fils de GIUSEPPE ROSSINI et de GUIDERINI son épouse, décédés, sans autres renseignements. Après nous être assuré du décès nous avons dressé le présent acte que les déclarants ont signé avec nous, après lecture faite. *Signé:* CERRUTI, POSSOZ et Baron DE BONNEMAINS.

POUR COPIE CONFORME :

Paris le 8 avril 1887.

Le Maire,
Signé : Dr MARMOTTAN.

PROCÈS-VERBAL d'apposition de plaque commémorative.

L'an mil huit cent quatre-vingt-six, le samedi vingt-neuf mars,
Nous, soussigné, Joseph-Antoine BOUVARD, architecte de l'administration centrale de la Ville de Paris,
Certifions avoir fait apposer, en exécution d'une délibération du Conseil municipal de Paris, en date du 20 juillet 1888, et d'un arrêté de M. le Préfet de la Seine, en date du 13 août 1888, sur la façade d'une maison sise rue de la Chaussée-d'Antin, n° 2, et appartenant à M. LUUYT, consentant, une plaque portant une inscription commémorative, conçue et disposée comme il suit :

GIOACCHINO ROSSINI
COMPOSITEUR DE MUSIQUE
NÉ A PESARO
LE 29 FÉVRIER 1792
MORT A PASSY
LE 13 NOVEMBRE 1868
HABITA CETTE MAISON
DEPUIS 1857

L'opération a été constatée par MM. Edgar MAREUSE, secrétaire, Maurice DU SEIGNEUR et HOFFBAUER, membres du Comité des Inscriptions parisiennes; Armand RENAUD, inspecteur en chef des Beaux-Arts et Travaux historiques de la Ville de Paris, et Paul Le VAYER, inspecteur des Travaux historiques de la Ville de Paris.
En foi de quoi nous avons rédigé et signé le présent procès-verbal.

Signé : J. BOUVARD.

VICTOR HUGO

MAISON MORTUAIRE DE VICTOR HUGO
124, AVENUE VICTOR HUGO

VICTOR HUGO
124, avenue Victor-Hugo

VICTOR HUGO
EST MORT
DANS CET HÔTEL
LE 22 MAI 1885

PIÈCE JUSTIFICATIVE

PRÉFECTURE DU DÉPARTEMENT DE LA SEINE

EXTRAIT des minutes des actes de décès du seizième arrondissement de Paris.

44-546   L'an mil huit cent quatre-vingt-cinq, le vingt-trois mai, à onze heures du matin,
Acte de décès de VICTOR-MARIE HUGO, âgé de quatre-vingt-trois ans, membre de l'Académie française, sénateur de la Seine, né à Besançon (Doubs), décédé à Paris, en son domicile, avenue Victor-Hugo, 50, hier au soir, à une heure et demie; fils du général JOSEPH-LÉOPOLD-SIGISBERT HUGO et de SOPHIE-FRANÇOISE TRÉBUCHET, époux décédés; veuf de ADÈLE-JULIE FOUCHER. Dressé par nous HENRI-JOSEPH MARMOTTAN, maire du seizième arrondissement de Paris, officier de l'état civil, sur la déclaration de LÉOPOLD-ARMAND comte HUGO, âgé de cinquante-six ans, propriétaire à Paris, rue des Saints-Pères, 14, neveu du défunt, et de ÉDOUARD LOCKROY, âgé de quarante-quatre ans, député, demeurant à Paris, avenue Victor-Hugo, 52, ami du défunt, qui ont signé avec nous, après lecture, suivent les signatures.

Pour expédition conforme :
Paris, le 16 octobre 1890.

Le Maire,
Signé : Dr MARMOTTAN.

PROCÈS-VERBAL d'apposition de plaque commémorative.

L'an mil huit cent quatre-vingt-dix, le samedi vingt-neuf mars,
Nous, soussigné, JOSEPH-ANTOINE BOUVARD, architecte de l'administration centrale de la Ville de Paris,
Certifions avoir fait apposer, en exécution d'une délibération du Conseil municipal de Paris, en date du 12 juillet 1889, et d'un arrêté de M. le Préfet de la Seine, en date du 17 août 1889, sur la façade d'une maison sise avenue Victor-Hugo, n° 124, et appartenant à Mme la princesse DE LUSIGNAN, consentante, une plaque portant une inscription commémorative, conçue et disposée comme il suit :

VICTOR HUGO
EST MORT
DANS CET HÔTEL
LE 22 MAI 1885

L'opération a été constatée par MM. EDGAR MAREUSE, secrétaire, et MAURICE DU SEIGNEUR, membre du Comité des Inscriptions parisiennes ; ARMAND RENAUD, inspecteur en chef des Beaux-Arts et des Travaux historiques de la Ville de Paris, et PAUL LE VAYER, inspecteur des Travaux historiques de la Ville de Paris.
En foi de quoi nous avons rédigé et signé le présent procès-verbal.

Signé : J. BOUVARD.

MICHELET

MAISON NATALE DE MICHELET

14, RUE DE TRACY

MICHELET
14, rue de Tracy.

JULES MICHELET

HISTORIEN

EST NÉ DANS CETTE MAISON

LE 22 AOÛT 1798

PIÈCE JUSTIFICATIVE

PRÉFECTURE DU DÉPARTEMENT DE LA SEINE

RECONSTITUTION DES ACTES DE L'ÉTAT CIVIL
(*Loi du 12 février 1872*)

ACTE DE NAISSANCE

EXTRAIT du registre des actes de naissance de la municipalité du 6ᵉ arrondissement de Paris, an six de la République.

MICHELET   Du sept fructidor an six de la République, acte de naissance de JULES, né d'avant-hier à Paris, rue Denis, n° 18, division des Amis de la Patrie, fils de JEAN-FRANÇOIS-FURCY MICHELET, imprimeur, et de ANGÉLIQUE-CONSTANCE MILLET, domiciliés comme dessus, mariés à Paris, depuis trois ans, ledit enfant constaté du sexe masculin sur la déclaration faite à l'administrateur municipal par le père présent qui a signé avec et en présence des témoins dénommés audit registre. Collationné par moi soussigné officier public de l'état civil pour le sixième arrondissement de la commune de Paris, *signé* MOREAU. — Délivré par moi secrétaire commis à l'état civil. Paris, le 7 fructidor de l'an 6ᵉ de la République, *signé* GALLET.
JULES

Admis par la Commission, loi du 12 février 1872.

Le Membre de la Commission : *(Signé)* BOINOD.

POUR EXPÉDITION CONFORME :

Paris, le cinq juin mil huit cent quatre-vingt-neuf.

L'archiviste de la Seine,

Signé : G. SAINT-JOANNY.

PROCÈS-VERBAL d'apposition de plaque commémorative

L'an mil huit cent quatre-vingt-dix, le samedi vingt-neuf mars,

Nous, soussigné, JOSEPH-ANTOINE BOUVARD, architecte de l'administration centrale de la Ville de Paris,

Certifions avoir fait apposer, en exécution d'une délibération du Conseil municipal de Paris, en date du 12 juillet 1889, et d'un arrêté de M. le Préfet de la Seine, en date du 17 août 1889, sur la façade d'une maison sise rue de Tracy, n° 14, et appartenant à M. PILTÉ, consentant, une plaque portant une inscription commémorative, conçue et disposée comme il suit :

JULES MICHELET
HISTORIEN
EST NÉ DANS CETTE MAISON
LE 22 AOÛT 1798

L'opération a été constatée par MM. EDGAR MAREUSE, secrétaire, MAURICE DU SEIGNEUR et HOFFBAUER, membres du Comité des Inscriptions parisiennes ; ARMAND RENAUD, inspecteur en chef des Beaux-Arts et des Travaux historiques de la Ville de Paris, et PAUL LE VAYER, Inspecteur des Travaux historiques de la Ville de Paris.

En foi de quoi nous avons rédigé et signé le présent procès-verbal.

Signé : J. BOUVARD.

II
MICHELET

MAISON HABITÉE PAR MICHELET
76, RUE D'ASSAS

MICHELET
76, rue d'Assas.

ICI DEMEURA

JULES MICHELET

HISTORIEN

NÉ A PARIS, LE 22 AOÛT 1798

MORT A HYÈRES (VAR)

LE 9 FÉVRIER 1874

PIÈCE JUSTIFICATIVE

ARRONDISSEMENT
DE TOULON

MAIRIE D'HYÈRES

DÉPARTEMENT
DU VAR

EXTRAIT des registres des actes de l'état civil déposés aux archives de la Mairie d'Hyères.

DÉCÈS

Du neuf février mil huit cent soixante-quatorze, à quatre heures du soir,

Acte de décès de JULES MICHELET, veuf en premières noces de PAULINE ROUSSEAU et marié à MARGUERITE ATHÉNAÏS MIALARET, décédé ce jourd'hui, à l'heure de midi, profession de membre de l'Institut, professeur au Collège de France, chevalier de la Légion d'honneur, âgé de septante cinq ans, né à Paris, département de la Seine, domicilié à Paris, fils de feu JEAN-FRANÇOIS-FURSY MICHELET, vivant imprimeur, et de feue ANGÉLIQUE-CONSTANCE MILLET, vivant sans profession, domiciliés à Paris.

Sur la déclaration à moi faite par PAUL LONG, maire d'Hyères, âgé de cinquante-quatre ans, profession de docteur en médecine, domicilié à Hyères, qui a dit être ami du défunt, et par FERDINAND ROULLIER, âgé de quarante six ans, profession de notaire, juge de paix suppléant, domicilié à Hyères, qui a dit être ami du défunt.

Et ont les déclarants signé. Constaté suivant la loi par moi ALEXANDRIN-JEAN HÉBRARD, adjoint délégué remplissant les fonctions d'officier de l'état civil, après m'être assuré du décès et lecture du présent acte a été donnée aux déclarants.

Signé au registre : PAUL LONG, HÉBRARD, ROULLIER.

CERTIFIÉ CONFORME :

Hyères, le 20 octobre 1887.

(Timbre de la Mairie.)

Le Maire de la ville d'Hyères,

Signé : A. MANOY.

ENCEINTE DE PARIS

DITE

DE PHILIPPE-AUGUSTE

I

TOUR DU MONT-DE-PIÉTÉ

MONT-DE-PIÉTÉ
(cour de l'Horloge)
rue des Francs-Bourgeois

L'ENCEINTE DE PARIS
COMMENCÉE
PAR
PHILIPPE-AUGUSTE
VERS 1190
TRAVERSAIT L'EMPLACEMENT
DE CETTE COUR
SUIVANT LE TRACÉ
EXÉCUTÉ SUR LE SOL

ENCEINTE DE PARIS

DITE

DE PHILIPPE-AUGUSTE

II

PORTE SAINT-JACQUES

PORTE SAINT-JACQUES
· rue Saint-Jacques
angle de la rue Souflot, n° 9)

ENCEINTE DE PARIS
ÉLEVÉE SOUS LE RÈGNE
DE PHILIPPE-AUGUSTE
VERS L'AN 1200

EMPLACEMENT
DE LA PORTE-SAINT-JACQUES

(PLAN)

ENCEINTE DE PARIS
DITE
DE PHILIPPE-AUGUSTE

III

PORTE DE NESLE

PORTE DE NESLE
(Pavillon Est de l'Institut)
quai Conti.

1° Entre les deux colonnes de gauche :

ENCEINTE DE PARIS

ÉLEVÉE SOUS LE RÈGNE

DE

PHILIPPE-AUGUSTE

VERS L'AN 1200

———

EMPLACEMENT

DE LA

TOUR DE NESLE

———

2° Entre les deux colonnes de droite :

LA TOUR DE NESLE

(PLAN)

ENCEINTE DE PARIS
DITE
DE PHILIPPE-AUGUSTE

IV

PORTE SAINT-MARCEL

PORTE SAINT-MARCEL
5o, rue Descartes

ENCEINTE   EMPLACEMENT
DE PARIS   DE LA PORTE
ÉLEVÉE PAR   (PLAN)   SAINT-MARCEL
PHILIPPE-AUGUSTE   DITE
VERS L'AN 1200   PORTE BORDET

PROCÈS-VERBAL d'apposition de plaque commémorative.

L'an mil huit cent quatre-vingt-sept, le seize juillet,
Nous, soussigné, JOSEPH-ANTOINE BOUVARD, architecte de l'administration centrale de la Ville de Paris,
Certifions avoir fait apposer, en exécution d'une délibération du Conseil municipal de Paris, en date du 26 mai 1886, et d'un arrêté de M. le Préfet de la Seine, en date du 17 juillet 1886, sur la façade d'une maison sise rue Descartes, n° 50, et appartenant à M. BRIAND, consentant, une plaque portant une inscription commémorative, conçue et disposée comme il suit :

ENCEINTE		EMPLACEMENT
DE PARIS		DE LA PORTE
ÉLEVÉE PAR	(PLAN)	SAINT-MARCEL
PHILIPPE-AUGUSTE		DITE
VERS L'AN 1200		PORTE BORDET

L'opération a été constatée par MM. MAURICE DU SEIGNEUR, membre du Comité des Inscriptions parisiennes, et PAUL LE VAYER, inspecteur des Travaux historiques de la Ville de Paris.
En foi de quoi nous avons rédigé et signé le présent procès-verbal.

Signé : J. BOUVARD.

ENCEINTE BASTIONNÉE

(XVIᵉ-XVIIᵉ S.)

PORTE
DE LA CONFÉRENCE

PORTE DE LA CONFÉRENCE
quai de la Conférence

(Balustrade de la terrasse dite
du bord de l'eau
au Jardin des Tuileries)

ENCEINTE BASTIONNÉE COMMENCÉE EN 1563

ICI S'ÉLEVAIT LA PORTE DE LA CONFÉRENCE
CONSTRUITE PAR L'ARCHITECTE PIDOUX
EN 1632 — DÉMOLIE EN 1730

(PLAN)

PROCÈS-VERBAL d'apposition de plaque commémorative.

L'an mil huit cent quatre-vingt-neuf, le jeudi douze décembre,
Nous, soussigné, Joseph-Antoine BOUVARD, architecte de l'administration centrale de la Ville de Paris,
Certifions avoir fait apposer, en exécution d'une délibération du Conseil municipal de Paris, en date du 26 mai 1886 et d'un arrêté de M. le Préfet de la Seine, en date du 17 juillet 1886, sur la façade d'un mur de la Terrasse des Tuileries, sis quai de la Conférence et appartenant à l'ÉTAT, consentant, une plaque portant une inscription commémorative, conçue et disposée comme il suit :

ENCEINTE BASTIONNÉE COMMENCÉE EN 1563

ICI S'ÉLEVAIT LA PORTE DE LA CONFÉRENCE
CONSTRUITE PAR L'ARCHITECTE PIDOUX
EN 1632 — DÉMOLIE EN 1730

Au-dessous est gravé le plan de la porte ancienne, rattaché aux dispositions actuelles.

L'opération a été constatée par MM. Edgar MAREUSE, secrétaire, et Maurice DU SEIGNEUR, membre du Comité des Inscriptions parisiennes, Armand RENAUD, inspecteur en chef des Beaux-Arts et des Travaux historiques, et Paul Le VAYER, Inspecteur des Travaux historiques de la Ville de Paris.
En foi de quoi nous avons rédigé et signé le présent procès-verbal.

Signé : J. BOUVARD.

ENCEINTE DE PARIS
DITE
DE PHILIPPE-AUGUSTE

V

PORTE SAINT-DENIS
DITE
PORTE AUX PEINTRES

PORTE SAINT-DENIS
dite
PORTE AUX PEINTRES
135, rue Saint-Denis

ENCEINTE DE PHILIPPE-AUGUSTE

———

PORTE SAINT-DENIS
DITE PORTE AUX PEINTRES

(PLAN)

PROCÈS-VERBAL d'apposition de plaque commémorative.

L'an mil huit cent quatre-vingt-dix, le lundi dix-sept novembre,
Nous, soussigné, Joseph-Antoine BOUVARD, architecte de l'administration centrale de la Ville de Paris,
Certifions avoir fait apposer, en exécution d'une délibération du Conseil municipal de Paris, en date du 20 juillet 1888, et d'un arrêté de M. le Préfet de la Seine, en date du 13 août 1888, sur la façade d'une maison sise rue Saint-Denis, n° 135, et appartenant à M. MORRIS, consentant, une plaque portant une inscription commémorative, conçue et disposée comme il suit :

ENCEINTE DE PHILIPPE-AUGUSTE

PORTE SAINT-DENIS
DITE PORTE AUX PEINTRES

(PLAN)

L'opération a été constatée par MM. Edgar MAREUSE, secrétaire, Maurice DU SEIGNEUR et Louis VACQUER, membres du Comité des Inscriptions parisiennes ; Armand RENAUD, inspecteur en chef des Beaux-Arts et des Travaux historiques de la Ville de Paris, et Paul Le VAYER, inspecteur des Travaux historiques de la Ville de Paris.
En foi de quoi nous avons rédigé et signé le présent procès-verbal.

Signé : J. BOUVARD.

ENCEINTE DE PARIS

DITE

DE PHILIPPE-AUGUSTE

VI

PORTE MONTMARTRE

PORTE MONTMARTRE
30, rue Montmartre

ENCEINTE DE PHILIPPE-AUGUSTE

PORTE MONTMARTRE

(PLAN)

PROCÈS-VERBAL d'apposition de plaque commémorative.

L'an mil huit cent quatre-vingt-dix, le lundi dix-sept novembre,

Nous, soussigné, Joseph-Antoine BOUVARD, architecte de l'administration centrale de la Ville de Paris, Certifions avoir fait apposer, en exécution d'une délibération du Conseil municipal de Paris, en date du 20 juillet 1888, et d'un arrêté de M. le Préfet de la Seine, en date du 13 août 1888, sur la façade d'une maison sise rue Montmartre, n° 30, et appartenant à Mme DAGUENET, consentante, une plaque portant une inscription commémorative, conçue et disposée comme il suit :

ENCEINTE DE PHILIPPE-AUGUSTE

PORTE MONTMARTRE

(PLAN)

L'opération a été constatée par MM. Edgar MAREUSE, secrétaire, Maurice DU SEIGNEUR et Louis VACQUER, membres du Comité des Inscriptions parisiennes ; Armand RENAUD, inspecteur en chef des Beaux-Arts et des Travaux historiques de la Ville de Paris, et Paul Le VAYER, inspecteur des Travaux historiques de la Ville de Paris.

En foi de quoi nous avons rédigé et signé le présent procès-verbal.

Signé : J. BOUVARD.

ENCEINTE DE PARIS

DITE

DE PHILIPPE-AUGUSTE

VII

PORTE SAINT-VICTOR

PORTE SAINT-VICTOR
2, rue des Écoles

ENCEINTE DE PHILIPPE-AUGUSTE

———

PORTE SAINT-VICTOR

(PLAN)

PROCÈS-VERBAL d'apposition de plaque commémorative.

L'an mil huit cent quatre-vingt-dix, le lundi dix-sept novembre,
Nous, soussigné, Joseph-Antoine BOUVARD, architecte de l'administration centrale de la Ville de Paris,
Certifions avoir fait apposer, en exécution d'une délibération du Conseil municipal de Paris, en date du 20 juillet 1888, et d'un arrêté de M. le Préfet de la Seine, en date du 13 août 1888, sur la façade d'une maison sise rue des Écoles, n° 2, et appartenant à l'ÉTAT, consentant, une plaque portant une inscription commémorative conçue et disposée comme il suit :

ENCEINTE DE PHILIPPE-AUGUSTE

PORTE SAINT-VICTOR

(PLAN)

L'opération a été constatée par MM. Edgar MAREUSE, secrétaire, Maurice DU SEIGNEUR et Louis VACQUER, membres du Comité des Inscriptions parisiennes; Armand RENAUD, inspecteur en chef des Beaux-Arts et des Travaux historiques de la Ville de Paris, et Paul Le VAYER, inspecteur des Travaux historiques de la Ville de Paris.
En foi de quoi nous avons rédigé et signé le présent procès-verbal.

Signé : J. BOUVARD.

FOIRE SAINT-LAURENT

FOIRE SAINT-LAURENT
gare de l'Est
(pavillon à l'angle de la rue d'Alsace).

LA FOIRE SAINT-LAURENT
ÉTABLIE AU XIIe SIÈCLE
SE TINT SUR CETTE PLACE
DE 1662
A LA FIN DU XVIIIe SIÈCLE

PROCÈS-VERBAL d'apposition de plaque commémorative.

L'an mil huit cent quatre-vingt-dix, le lundi dix-sept novembre,
Nous, soussigné, Joseph-Antoine BOUVARD, architecte de l'administration centrale de la Ville de Paris,
Certifions avoir fait apposer, en exécution d'une délibération du Conseil municipal de Paris, en date du 12 juillet 1889, et d'un arrêté de M. le Préfet de la Seine, en date du 17 août 1889, sur la façade d'un pavillon d'angle de la gare de l'Est, sis rue d'Alsace, et appartenant à la COMPAGNIE DU CHEMIN DE FER DE L'EST, consentante, une plaque portant une inscription commémorative, conçue et disposée comme il suit :

LA FOIRE SAINT-LAURENT
ÉTABLIE AU XIIe SIÈCLE
SE TINT SUR CETTE PLACE
DE 1662
A LA FIN DU XVIIIe SIÈCLE

L'opération a été constatée par MM. Edgar MAREUSE, secrétaire, Maurice DU SEIGNEUR et Louis VACQUER, membres du Comité des Inscriptions parisiennes ; Armand RENAUD, inspecteur en chef des Beaux-Arts et des Travaux historiques de la Ville de Paris, et Paul Le VAYER, inspecteur des Travaux historiques de la Ville de Paris.
En foi de quoi nous avons rédigé et signé le présent procès-verbal.

Signé : J. BOUVARD.

FOIRE SAINT-GERMAIN

FOIRE SAINT-GERMAIN
  rue Clément
(marché Saint-Germain).

I

LA FOIRE SAINT-GERMAIN

OCCUPA

JUSQU'A LA FIN DU XVIIIe SIÈCLE

L'EMPLACEMENT

DE CE MARCHÉ

II

CE MARCHÉ

A ÉTÉ CONSTRUIT

DE 1813 A 1818

PAR J.-B. BLONDEL

ET LUSSON

PROCÈS-VERBAL d'apposition de plaque commémorative.

L'an mil huit cent quatre-vingt-dix, le lundi dix-sept novembre,
Nous, soussigné, Joseph-Antoine BOUVARD, architecte de l'administration centrale de la Ville de Paris,
Certifions avoir fait apposer, en exécution d'une délibération du Conseil municipal de Paris, en date du 12 juillet 1889, et d'un arrêté de M. le Préfet de la Seine, en date du 17 août 1889, sur la façade du marché Saint-Germain, sis rue Clément, et appartenant à la VILLE DE PARIS, consentante, une plaque portant une inscription commémorative, conçue et disposée comme il suit :

LA FOIRE SAINT-GERMAIN
OCCUPA
JUSQU'A LA FIN DU XVIIIe SIÈCLE
L'EMPLACEMENT
DE CE MARCHÉ

L'opération a été constatée par MM. Edgar MAREUSE, secrétaire, Maurice DU SEIGNEUR, et Louis VACQUER, membres du Comité des Inscriptions parisiennes ; Armand RENAUD, inspecteur en chef des Beaux-Arts et des Travaux historiques de la Ville de Paris, et Paul Le VAYER, inspecteur des Travaux historiques de la Ville de Paris.
En foi de quoi nous avons rédigé et signé le présent procès-verbal.

Signé : J. BOUVARD.

PROCÈS-VERBAL d'apposition de plaque commémorative

L'an mil huit cent quatre-vingt-dix, le lundi dix-sept novembre,
Nous, soussigné, Joseph-Antoine BOUVARD, architecte de l'administration centrale de la Ville de Paris,
Certifions avoir fait apposer, en exécution d'une délibération du Conseil municipal de Paris, en date du 12 juillet 1889, et d'un arrêté de M. le Préfet de la Seine, en date du 17 août 1889, sur la façade du marché Saint-Germain, sis rue Clément, et appartenant à la VILLE DE PARIS, consentante, une plaque portant une inscription commémorative, conçue et disposée comme il suit :

CE MARCHÉ
A ÉTÉ CONSTRUIT
DE 1813 A 1818
PAR J.-B. BLONDEL
ET LUSSON

L'opération a été constatée par MM. Edgar MAREUSE, secrétaire, Maurice DU SEIGNEUR et Louis VACQUER, membres du Comité des Inscriptions parisiennes ; Armand RENAUD, inspecteur en chef des Beaux-Arts et des Travaux historiques de la Ville de Paris, et Paul Le VAYER, inspecteur des Travaux historiques de la Ville de Paris.
En foi de quoi nous avons rédigé et signé le présent procès-verbal.

Signé : J. BOUVARD.

PRINCE.

PRINCE
gare d'Orléans
(vestibule, façade du côté
des bagages).

ALEXANDRE PRINCE

NÉ A JURANÇON, LE 30 JANVIER 1843

MARIN

DÉTACHÉ A LA DÉFENSE DE PARIS

MONTANT LE BALLON

LE JACQUARD

PARTIT DE LA GARE D'ORLÉANS

LE 28 NOVEMBRE 1870

ET SUCCOMBA

DANS SA GLORIEUSE MISSION

PIÈCES JUSTIFICATIVES

I

EXTRAIT du registre des actes de naissance de la commune de Jurançon pour l'année 1843.

L'an mil huit cent quarante trois et le trente janvier à dix heures du soir, par devant nous FRÉDÉRIC SALENAVE, maire officier de l'état civil de la commune de Jurançon, canton de Pau-Ouest, département des Basses-Pyrénées, ont comparu le sieur PRINCE, JEAN, charron, âgé de trente huit ans, domicilié dans cette commune, lequel nous a présenté un enfant du sexe masculin, né ce jourd'hui à neuf heures du matin, de lui déclarant et de EUGÉNIE LEROY, son épouse et auquel il a déclaré vouloir donner le prénom d'ALEXANDRE. Les dites déclaration et présentation ont été faites en présence de JEAN-FÉLIX TREBUCQ, âgé de vingt-quatre ans et de PIERRE PAIGT, âgé de vingt-huit ans, instituteurs, domiciliés dans cette commune, lesquels après qu'il leur en a été donné lecture ont signé avec nous et le père.

Signé au registre : SALENAVE, PRINCE, TREBUCQ et PAIGT.

POUR COPIE CONFORME :
A Jurançon, le 5 novembre 1890.

Le Maire,
Signé : LAMAZOU.

II

État signalétique et de services.

MINISTÈRE DE LA MARINE

Par ordre du Ministre de la Marine,
Le conseiller d'État, Directeur de la Comptabilité générale,
Certifie que, des registres matricules ou documents conservés aux archives de la Marine, a été extrait ce qui suit :

DIRECTION
Comptabilité générale.

5ᵉ BUREAU
Archives, Bibliothèque, etc.

NOM ET SIGNALEMENT	DÉTAIL DES SERVICES	
PRINCE ALEXANDRE fils de JEAN et de LEROY EUGÉNIE né le 30 janvier 1843 à Jurançon (Basses-Pyrénées).	Apprenti-marin à 18 francs :	En route du 5 octobre 1864 au 7 octobre 1864. A la division de Toulon, du 7 octobre 1864 au 25 octobre 1864. A la division de Lorient, du 25 octobre 1864 au 1ᵉʳ septembre 1865. A la division de Toulon, du 1ᵉʳ septembre 1865 au 11 mars 1866.
	Matelot de 3ᵉ classe à 24 francs (du 12 mai 1866) et matelot de 2ᵉ classe à 33 francs (du 1ᵉʳ janvier 1867).	
	Matelot de 2ᵉ classe à 33 francs :	Sur *la Savoie*, du 11 mars 1866 au 9 mars 1867. A la division de Toulon, du 9 mars 1867 au 15 mai 1867. A la division de Brest, du 15 mai 1867 au 18 juin 1867. Sur *le Limier*, du 18 juin 1867 au 15 avril 1868. En congé de six mois renouvelable, du 15 avril 1868 au 24 juillet 1870. A la division de Toulon, du 24 juillet 1870 au 26 juillet 1870. Sur *le Panama*, du 26 juillet 1870 au 10 août 1870. Sur *le Louis XIV annexe 12*, du 10 août 1870 au 15 novembre 1870. Sur *le Louis XIV annexe 10* (siège de Paris), du 15 novembre 1870 au 28 novembre 1870, jour où il a quitté Paris avec le ballon *le Jacquard* qui s'est perdu dans la nuit du 29 au 30 novembre 1870, non loin des Iles-Britanniques, dans l'Océan, sans qu'il soit possible de préciser autrement le lieu de son décès. (Jugement du tribunal de Pau du 19 juin 1873 constatant le décès du sieur PRINCE à la date ci-dessus mentionnée.)

En foi de quoi le présent certificat a été délivré pour servir et valoir ce que de raison.
Fait à Paris, le 4 novembre 1890.

Signé : F. FOURNIER.

PROCÈS-VERBAL d'apposition de plaque commémorative.

L'an mil huit cent quatre-vingt-dix, le dix-sept novembre,
Nous, soussigné, Joseph-Antoine BOUVARD, architecte de l'administration centrale de la Ville de Paris,
Certifions avoir fait apposer, en exécution d'une délibération du Conseil municipal de Paris, en date du 12 juillet 1889, et d'un arrêté de M. le Préfet de la Seine, en date du 17 août 1889, dans le vestibule de la gare d'Orléans, sise quai d'Austerlitz, et appartenant à la COMPAGNIE DU CHEMIN DE FER D'ORLÉANS, consentante, une plaque portant une inscription commémorative, conçue et disposée comme il suit :

ALEXANDRE PRINCE
MARIN
DÉTACHÉ A LA DÉFENSE DE PARIS
MONTANT LE BALLON
LE JACQUARD
PARTIT DE LA GARE D'ORLÉANS
LE 28 NOVEMBRE 1870
ET SUCCOMBA
DANS SA GLORIEUSE MISSION

L'opération a été constatée par MM. Edgar MAREUSE, secrétaire, Maurice DU SEIGNEUR, et Louis VACQUER, membres du Comité des Inscriptions parisiennes ; Armand RENAUD, inspecteur en chef des Beaux-Arts et des Travaux historiques de la Ville de Paris, et Paul Le VAYER, inspecteur des Travaux historiques de la Ville de Paris.
En foi de quoi nous avons rédigé et signé le présent procès-verbal.

Signé : J. BOUVARD.

INDEX ALPHABÉTIQUE

Les noms faisant l'objet d'une inscription sont précédés d'un astérisque.

A

	Pages
ABRAHAM (Joseph), régisseur.	88

ACADÉMIE ROYALE DE MUSIQUE. Voy. * THÉATRE DE L'ACADÉMIE ROYALE DE MUSIQUE.
AGIS, baron de SAINT-DENIS (Louis-Pierre), ancien capitaine de dragons.   190
* AIMARD, l'un des douze héros parisiens de 886 . . . . 225, 226
ALTÈS, membre de la Société des Compositeurs de musique 206, 210, 214
ANCELLE (André-Charles), adjoint au maire du IXe arrondissement municipal de Paris 112
ANTIER (Jean-Pierre-Benjamin), homme de lettres 28
* ARNAUD, l'un des douze héros parisiens de 886. . . . . 225, 226
AROUET (François), conseiller du roi, ancien notaire au Châtelet de Paris . .   104
AROUET-VOLTAIRE. Voy. * VOLTAIRE.
ASAKI (Hermione-Glikere), femme de Jean-Louis-Edgar Quinet.   174
ASSELIN (Sébastien), marchand tapissier 234
AUBER (Daniel), peintre du roi. 206
* AUBER (Daniel-François-Esprit), directeur du Conservatoire de musique, membre de l'Institut 203, 205, 206
AUBER (Jean-Baptiste-Daniel), officier des chasses du roi. 206
AUBERTIN (Madeleine), première femme de Pierre-Augustin Caron-Beaumarchais. 84
AUCANTE (François-Éléonore), administrateur du Mont-Cenis. 112
AUVRAY, commissaire. 170
AVOLARA (Anna), femme de Pierre Mignard. 202

B

BAÏSE (Marie de), femme de Philippe de Coulanges.   52
BAISSIÈRE. Voy. BEISSIÈRE.
BARAUDIN (Marie-Jeanne-Amélie), femme de Léon-Pierre de Vigny   194
BARAUDIN (Sophie). 194
BARBE, femme de Pierre-Camille Baudin 12
BARROUX, membre de la Commission de reconstitution des actes de l'état civil pour le département de la Seine. 12, 144, 182, 190
* BARYE (Antoine-Louis), sculpteur, membre de l'Institut 215, 217, 218
BARYE (Pierre). 218

— 307 —

	Pages
* BASTILLE (LA)	13, 15
* BAUDIN (Jean-Baptiste-Alphonse-Victor), docteur en médecine, représentant du peuple pour le département de l'Ain	9, 11, 12
BAUDIN (Joseph-Camille-Marie), étudiant en médecine	12
BAUDIN (Pierre-Camille), docteur en médecine	12
BAURÈS (Joseph)	40
BAURÈS (Marguerite), femme de Paul Lacanal	40
BEAUMARCHAIS (Pierre-Augustin CARON), homme de lettres	81, 83, 84
BEAURECUEIL (l'abbé DE)	152
BEAUVAIS, propriétaire à Paris	242
BECQUET (E.), officier de l'état civil de Bruxelles (Belgique)	92
BÉDÉE (Apauline-Jeanne-Suzanne), femme de René de Chateaubriand, comte de Combourg	124
BÉGON (Antoinette), femme d'Étienne Pascal	60
BEISSIÈRE (François), libraire	152
BELAYSOUD, maire de Bourg (Ain)	174
BENGOLD (Joseph), employé	96
BÉRANGER (Jean-François DE), négociant	28
* BÉRANGER (Pierre-Jean DE), poète-chansonnier	25, 27, 28
BERGIS (Alexis), maire de Montauban (Tarn-et-Garonne)	242
* BERLIOZ (Louis-Hector), compositeur de musique, membre de l'Institut	207, 209, 210
BERLIOZ (Louis-Joseph), officier de santé	210
BERLY (DE), membre de la Commission de reconstitution des actes de l'état civil pour le département de la Seine	198
BERNARD, officier public de la ville d'Aix	148
BEROLOTTI, propriétaire à Paris	230, 238
* BERRYER (Antoine-Pierre), avocat, membre de l'Académie française	85, 87, 88
BERRYER (Pierre-Nicolas), avocat au Parlement	88
BEURDELEY (P.), adjoint au maire du VIIIe arrondissement municipal de Paris	194
BICHEUR (Michel), prêtre de l'église Saint-Roch de Paris	32
BIGNAN, membre de la Commission de reconstitution des actes de l'état civil pour le département de la Seine	108
BIOLLAY (Claude-Léon), ancien officier de marine	112
BIOLLAY (Paul-Émile), auditeur à la Cour des comptes	112
BLEIN (François-Ange-Alexandre, baron), maréchal de camp en retraite	24
* BLONDEL (J.-B.), architecte du marché Saint-Germain	299, 300
BOINOD, membre de la Commission de reconstitution des actes de l'état civil pour le département de la Seine	68, 256
BOISSEAU, vicaire	112
BOIVIN, maire de Choisy-le-Roi (Seine)	24
BONNEFOI (Antoine), prêtre, curé de Vissac (Haute-Loire)	36
BONNEFOND, maire de Serres (Ariège)	40
BONNEMAINS (Henri-Pierre-Édouard, baron DE), maire du XVIe arrondissement municipal de Paris	246
BOUCHÉ (L.), prêtre, vicaire de Saint-André-des-Arts, de Paris	104
* BOUGAINVILLE (Louis-Antoine, comte DE), vice-amiral, sénateur, membre de l'Institut de France et du Bureau des longitudes	187, 189, 190
BOUGAINVILLE (Pierre-Yves DE), conseiller du roi, notaire au Châtelet de Paris	190
BOURET, président de la section de la Grange-Batelière	170
BOUVARD (Joseph-Antoine), architecte de l'administration centrale de la Ville de Paris, 144, 148, 152, 157, 162, 166, 170, 170[4], 174, 178, 182, 186, 190, 194, 198, 202, 206, 210, 214, 218 222, 226, 230, 238, 242, 247, 252, 256, 276, 280, 284, 288, 292, 296, 300	305
BOUVRET, administrateur de la galerie Vivienne, à Paris	190
BRIAND, propriétaire à Paris	276
BRICARD (Mme Vve), propriétaire à Paris	166

— 308 —

Brignon de Chateaubriand	124
Buffevent (Joseph-Louis Marie de), maire de la Côte-Saint-André (Isère)	210
Buisson, prêtre de la paroisse Saint-Hugues, de Grenoble (Isère)	152
Buisson (Auguste)	210
Bumbury (Lydia-Jane), comtesse A. de Vigny	194
Bunouf, prêtre *custos* de la paroisse de Saint-Julien de Caen (Calvados)	206
Buron (Jacques), maitre maçon	92
Buron (Marie-Geneviève), femme de Louis-Maurice David	92

C

Cailar (Noël), propriétaire à Paris	152
Capet, adjoint au maire, officier de l'état civil du IVe arrondissement municipal de Paris	218
Carbonel (Antoine-François), maréchal de camp	36
Caroilhon de la Charmotte (Denis), écuyer, directeur des domaines du roi	166
Caroilhon Destillières (Claude), écuyer, fermier général de Monsieur, frère du roi	166
Caroilhon de Vanduel (Abel-François-Nicolas), écuyer, trésorier de France	166
Caron (André-Charles), maitre horloger	84
Caron-Beaumarchais. Voy. * Beaumarchais.	
Castagner de Châteauneuf (François), abbé commendataire de Varenne	104
Cauthion, propriétaire à Paris	214
Cerruti (Luigi-Francesco), consul général d'Italie à Paris	246
Chagier (Marie), femme de François Bessière	152
Champion (Anne-Antoinette), femme de Denis Diderot	166
Champion (Antoine), procureur au Parlement	88
Champy (Marie-Jeanne), femme de Jean-François de Béranger	28
Champy (Pierre), maître tailleur	28
Chandelet, prêtre de la paroisse de Saint-Eustache de Paris	178
Chandieu (Benjamin de), colonel	48
Chandieu (Henriette de), femme de Juste Constant	48
Chareton (J.), adjoint au maire de la ville de Langres (Haute-Marne)	166
Charlemagne (Antoine), général de division	148
Charpentier, greffier en chef du tribunal civil de la Seine	68
* Chateaubriand (François-René, vicomte de)	121, 123, 124
Chateaubriand (Jean-Baptiste de)	124
Chateaubriand (René de), chevalier, comte de Combourg	124
* Châtelet (le grand)	113, 115
Chavaniac (Marie-Catherine de)	36
* Chénier (André)	61, 63
Chevallier (Joseph-Marie), cordonnier	214
Chossat-Saint-Sulpice, maire de Bourg (Ain)	174
Chotard (Marie)	214
Claparède (Marguerite), femme de Pierre Barye	218
Cluzeau. Voy. Ducluzeau.	
Cochin	166
Cocteau, notaire à Paris	36, 48
Cohin (Alb.), adjoint au maire du IXe arrondissement municipal de Paris	206
Coilliot (Augustine), veuve de Charles-François Sainte-Beuve	170[4]
Colbran (Isabelle), première femme de Giovacchino-Antonio Rossini	246
* Coligny (amiral)	159, 161, 162
Colonne astronomique de l'Hôtel de la Reine	99
* Comédie-Française	135

	Pages
Conil-Lacoste (Aglaé-Pauline), femme de Maximilien-Paul-Émile Littré.	96
Conil-Lacoste (Henri), architecte	96
*Constant de Rebecque (Benjamin-Henri), député.	45, 47, 48
Constant (Juste), citoyen de Lausanne et capitaine suisse au service des États-Généraux de Hollande.	48
Constant (Samuel), officier général au service des États-Généraux de Hollande.	48
Contades (Françoise-Marie-Gertrude de), comtesse de Plouer.	124
*Corneille (Pierre), écuyer, ci-devant avocat général à la Table de Marbre de Rouen.	29, 31, 32
Corneille (Pierre).	32
Corneille (Thomas), écuyer, s^r de Lisle.	32
Corel de Marignane (Marie-Marguerite-Émilie de).	170
Costier, conseiller municipal délégué à l'état civil de Troyes (Aube).	202
Coulanges (Marie de) baronne de Chantal.	52
Coulanges (Philippe), conseiller du roi en son conseil d'État et privé.	52
Courtial (André).	36
Courty (Marie-Charlotte de), marquise de la Place.	182
Cressé (Marie), femme de Jean Pouquelin.	234
Crousaz (Aymon de), archiviste du canton de Lausanne (Suisse).	48

D

Daguenet, (Mme), propriétaire à Paris	288
Daloz (Alfred-Alexandre), capitaine d'état-major.	148
Daniel (Élisabeth-Auguste), comtesse Foy.	144
Darboulin (Marie-Françoise), femme de Pierre-Yves de Bougainville.	190
Darboulin (Marie-Louise-Charlotte).	190
Darboulin de Lussan (Antoine), écuyer porte-manteau du roi.	190
Daremberg de la Marck (Auguste-Marie-Raymond), député à l'Assemblée nationale.	170
Daron.	152
Daugy, prêtre, curé de la paroisse du Saint-Sépulcre de Montdidier (Somme)	44
Daumart (Marie-Marguerite), femme de Me François Aroüet.	104
Daumart (Symphorien), écuyer, contrôleur de la gendarmerie du roi.	104
Dausoigne (Joseph), professeur à l'École royale de musique de Paris.	132
*David (Jacques-Louis), artiste peintre.	89, 91, 92
David (Louis-Maurice), marchand mercier.	92
Décret de l'Assemblée constituante du 21 juillet 1789, relatif à l'abbé de l'Épée.	197
Defresne, membre de la Commission de reconstitution des actes de l'état civil pour le département de la Seine.	44
Defresne, secrétaire général de la Préfecture de la Seine.	190
Degars de Courcelles.	198
Déglin, propriétaire à Paris.	174
Delacourtie, membre de la Commission de reconstitution des actes de l'état civil pour le département de la Seine.	88
Delaporte, maire de Loches (Indre-et-Loire)	194
Delarue, adjoint au maire du VIIIe arrondissement municipal de Paris.	44
Delarue (André-Toussaint).	84
Delestour (François), échevin en l'hôtel de ville de Lons-le-Saulnier (Jura).	24
Delgove (Jean-François), tailleur.	40
Delorme (Philibert), architecte de l'Hôtel de la Reine.	99
Demonchy.	144
Demontendre (Marie-Joséphine-Flore), comtesse de Bougainville.	190
Dentu, propriétaire à Paris.	170

	Pages
Desains (Jean-Louis), notaire impérial, premier adjoint au maire de Saint-Quentin (Aisne)...	156
Desains (Jeanne-Sophie-Henriette-Charlotte), femme de Bon-Quentin Martin.	156
Desains (Louis-Félix)...	156
Desbordeaux, prêtre, curé de la paroisse de Saint-Julien de Caen (Calvados).	206
Descuilliers (Olympe), seconde femme de Giovacchino.-Antonio Rossini...	246
Desmoulins (Jean-Benoît-Nicolas), lieutenant-général civil et criminel au bailliage de Guise...	76
* Desmoulins (Lucie-Simplice-Camille-Benoist), homme de lettres....	73, 75, 76
Desmousseaux, substitut adjoint du procureur de la Commune de Paris...	170
Desobliaux, propriétaire à Paris...	186
Despiney (Jean-Joseph Emmanuel), secrétaire en chef de la mairie de Bourg (Ain)...	174
Despois et Mesnard, éditeurs de la collection: *Les Grands Écrivains de la France*..	234
Destutt de Tracy (Alexandre-César-Victor-Charles), député...	36
Desvignes, représentant de la Commune de Paris...	198
Deutsch (Alfred), maire du VIIe arrondissement municipal de Paris...	242
Devaux (Jean-Louis-Joseph-Napoléon), valet de chambre...	48
Devigny. Voy. Vigny (de).	
Deville, maire de Château-Thierry (Aisne)...	178
Devrosme, secrétaire de l'Assemblée nationale...	170
Dictionnaire critique de Biographie et d'Histoire, par Jal. Paris, Plon, 1872, in-8°, 2e édition. 28, 32, 52, 76, 84, 104, 108, 112, 132, 152, 166, 170, 178, 202.	234
* Diderot (Denis), membre des Académies de Berlin, Stockolm et Saint-Pétersbourg, bibliothécaire de Sa Majesté Impériale Catherine, seconde Impératrice de Russie...	163, 165, 166
Diderot (Didier), maître coutelier...	166
Didier (Victor), employé...	156
Dinan, greffier en chef du Tribunal de première instance de la Seine....	88
Docoret, adjoint, officier public de l'état civil pour le XIe arrondissement de la Commune de Paris...	96
Dosne (Mlle), propriétaire, à Paris...	148
Dourlen (Victor-Charles-Paul), professeur à l'École royale de musique de Paris	132
* Douze Héros parisiens de 886 (Les)...	223, 225, 226
Duclos (Marie)...	206
Ducluzeau (Jean-Martin), chirurgien ordinaire du roi...	198
Dujat-Wallet (Eustache-René-Georges), adjoint au maire de Boulogne-sur-Mer...	170[4]
Duranton, membre de la Commission de reconstitution des actes de l'état civil pour le département de la Seine...	40
Du Seigneur (Maurice), membre du Comité des Inscriptions parisiennes, 157, 162, 166, 170, 171[4], 174, 178, 182, 186, 190, 194, 198, 202, 238, 242, 247, 252, 256, 276, 280, 284, 288, 292, 296, 300...	305

E

Enceinte de Paris (XVIe XVIIe s).	
* Porte de la Conférence...	277, 279, 280
Enceinte de Paris dite de Philippe-Auguste:	
* Porte de Nesle...	269, 271
* Porte Montmartre...	285, 287, 288
* Porte Saint-Denis, dite Porte aux Peintres...	281, 283, 284
* Porte Saint-Jacques...	265, 267
* Porte Saint-Marcel...	273, 275, 276
* Porte Saint-Victor...	289, 291, 292
* Tour du Mont-de-Piété...	261, 263

		Pages
Erambert (Louise-Thérèse-Émilie), femme de Bon-Louis-Henri Martin.		156
* Ermenfroi, l'un des douze héros parisiens de 886.		225, 226

F

Faigue (Marie-Thérèse).	132
Faucher (l'abbé), représentant de la Commune de Paris	198
Faugère (P.), éditeur des *Lettres, Opuscules et Mémoires de Mme Périer*...	60
Ferry (Émile), maire du IXe arrondissement municipal de Paris.	112, 206, 210
Flamant, maire de Guise (Aisne)	76
Foi (Élisabeth-Sophie).	144
Foi (Florent-Sébastien), marchand épicier.	144
Foi (Prosper-Joachim).	144
* *Foire Saint-Germain*	297, 300
Foire Saint-Laurent.	293, 295
Font, curé de Serres (Ariège)	40
Fontfreyde (Antoinette de).	60
Foucher (Adèle-Julie), femme de Victor-Marie Hugo	252
Fouineau (E.), adjoint au maire du VIe arrondissement municipal de Paris.	96
Fournier (F.), conseiller d'État, directeur de la comptabilité générale au ministère de la Marine.	304
* Foy (Maximilien-Sébastien, comte), membre de la Chambre des députés, lieutenant-général des armées du roi.	141, 143, 144
Foy (Vincent-Louis-Alphonse), avocat.	144
François (Barbe), première femme de Joseph Lacanal	40
Fremont.	136
Frochot (Nicolas-Thérèse-Benoît), député à l'Assemblée nationale.	170
Frottin, maire du Ier arrondissement municipal de Paris	68

G

Gabillot (Charles), adjoint au maire du Ier arrondissement municipal de Paris.	36, 48
Gabucci (Franciscus), vice-curé de Pesaro (Italie).	246
Gailhard, propriétaire à Paris.	218
Gaillande (Claude-Joseph), prêtre, docteur en Sorbonne.	24
Gaillande (Jeanne-Marie-Madeleine), femme de Claude-Ignace Rouget.	24
Gajot de Montfleury (Stéphane), adjoint au maire du IIe arrondissement municipal de Paris.	12
Gallard (Marie), femme de Pierre Mignard.	202
Gallet, secrétaire commis à l'état civil pour le VIe arrondissement de la Commune de Paris.	256
Gallois, membre de la Commission de reconstitution des actes de l'état civil pour le département de la Seine.	96
Gary (André), marchand-chandelier.	84
Gary (Françoise).	84
Gastaldy (Marie-Madeleine-Joséphine), femme d'Étienne-Nicolas Méhul.	132
Gastebois, secrétaire et chef par intérim du XIe arrondissement de la Commune de Paris.	96

	Pages
GAUTHIER, propriétaire à Paris.	222
GAUTHIER DE BAR (Louise-Caroline), femme de Pierre-Antoine Berryer.	88
GINAIN (Léon), architecte de la Ville de Paris.	136, 140
GIROUD.	152
GODART (Joseph).	76
GODART (Marie-Magdeleine), femme de Jean-Benoit-Nicolas Desmoulins.	76
GOMBAULT (A.), adjoint au maire du VIe arrondissement municipal de Paris.	96
GORNEAU (Anne-Marie), femme de Pierre-Nicolas Berryer.	88
GORNEAU (Philippe-Joseph) avocat au Parlement, agréé aux consuls, représentant de la Commune de Paris.	88
* GOSSOUIN, l'un des douze héros parisiens de 886.	225, 226
GRANDIN, représentant de la Commune de Paris.	198
Grands Écrivains de la France (les), par DESPOIS et MESNARD.	234
GRECK (Étienne-Nicolas).	132
GRISEL (Marie-Jeanne), veuve de Nicolas Dupré, tailleur.	28
GRONIER, adjoint au maire de Ham (Somme).	144
GRUYER, propriétaire à Paris.	170
GUÉRIN (Louis), maître des eaux et forêts au duché de Château-Thierry.	178
GUIDARINI (Anna), femme de Giuseppe Rossini.	246
GUIDARINI (Domenico).	246
GUIDERINI. Voy. GUIDARINI.	
GUILLE (Jean-François), notaire.	242
GUIRAUD, premier adjoint au maire de Givet (Ardennes).	132
GUISTINIANI (Giammichele), curé de Pesaro (Italie).	246
* GUY, l'un des douze héros parisiens de 886.	225, 226
GUYON (Claude-Antoine), adjoint à la mairie de Lorient (Morbihan).	214
GUYON, membre de la Commission de reconstitution des actes de l'état civil pour le département de la Seine.	36, 48
GUYOT-DESHERBIERS (Claude-Antoine), jurisconsulte.	68
GUYOT-DESHERBIERS (Edmée-Claudette), femme de Victor-Donatien de Musset.	68

H

HACHE (Norbert-Irénée), docteur en médecine, maire de l'Hay (Seine).	242
HALEY (Pierre).	182
HALL (Paul), employé.	218
* HARDRÉ, l'un des douze héros parisiens de 886.	225, 226
HARDENBERG (Charlotte-Georgine-Auguste), femme de Benjamin Constant de Rebecque.	48
HARTEMANN (François-Joseph), concierge.	48
HAVET, éditeur des *Pensées de Pascal*.	60
HÉBRARD (Alexandrin-Jean), adjoint délégué aux fonctions d'officier d'état civil d'Hyères (Var).	260
HEURTIN.	190
* HERLAND, l'un des douze héros parisiens de 886.	225, 226
* HERVÉ, l'un des douze héros parisiens de 886.	225, 226
* HERVI, l'un des douze héros parisiens de 886.	225, 226
HIBON-LAFFRESNOYE (Charles-Augustin-Marie).	170 [4]
HOFFBAUER, membre du Comité des Inscriptions parisiennes.	247, 256
HÔTEL DE LA REINE. Voy. *HÔTEL DE SOISSONS*.	
* *HÔTEL DE SENS*.	125, 127
* *HÔTEL DE SOISSONS*.	97, 99
HOUDART (Amélie-Antoinette), femme de Antoine-Louis Barye.	218
HOUEL (Barbe).	32

	Pages
Hugo (Joseph-Léopold-Sigisbert), général de division	252
Hugo (Léopold-Armand, comte)	252
* Hugo (Victor-Marie), membre de l'Académie française, sénateur de la Seine	249, 251, 252
Huillier, membre de la Commission de reconstitution des actes de l'état civil pour le département de la Seine	68
Hurault (Frédéric-Adolphe), instituteur	88

I

L'*Illustre Théâtre*	139, 229, 330
Ingre. Voy. Ingres.	
Ingre (Jean-Marie-Joseph), sculpteur	242
* Ingres (Jean-Auguste-Dominique), peintre d'histoire, sénateur, membre de l'Institut	239, 241, 242

J

Jacquard (le), aérostat monté par A. Prince, matelot de la marine nationale, détaché à la défense de Paris	303, 304, 305
Jal, auteur du *Dictionnaire critique de Biographie et d'Histoire*, 28, 32, 52, 76, 84, 104, 108, 112, 132, 152, 166, 170, 178, 202	234
* Jean de Meung	77, 79
* *Jeu de Paume de la Croix-Noire*	227, 229, 230
* *Jeu de Paume des Mestayers*	137, 139, 140
* Jobert, l'un des douze héros parisiens de 886	225, 226
Johannot (Sophie), femme de Michel-François Littré	96
Joly-Bammeville (Pierre-Louis-Samuel), maire de Saint-Quentin (Aisne)	156
Jonciéres (Victorin), membre de la Société des Compositeurs de musique	206, 210, 214
* Josse (Claude), femme de Louis Guérin, maître des eaux et forêts au duché de Château-Thierry	178
Julhe, propriétaire à Paris	202

K

Kaenffer, propriétaire à Paris	
Keuly (Cécile), femme de Jean-François Méhul	132

L

* Lacanal. Voy. Lakanal.	
Lacanal (Marguerite)	40
Lacanal (Paul)	40
La Croix (Dorothée), femme de Jacques Vocanson	152
Lafaille (Adélaïde), femme Dubout, sage-femme jurée en la ville de Boulogne-sur-Mer	170 [4]

* LA FAYETTE (Marie-Joseph-Paul-Yves-Roch-Gilbert DU MOTTIER DE), lieutenant-général, membre de la Chambre des députés 33, 35, 36,	170
LA FAYETTE (Michel-Louis-Christophe-Roch-Gilbert DU MOTTIER, marquis DE), baron de Vissac, sr de Saint-Romain et autres places.	36
LA FONTAINE (Charles DE), conseiller du roi, maître des eaux et forêts au duché de Château-Thierry.	178
LA FONTAINE (Jean DE).	178
* LA FONTAINE (Jean DE), l'un des quarante de l'Académie française. . 175, 177,	178
* LAKANAL (Joseph), membre de l'Institut.	40
LALAIN-CHOMEL (DE), membre de la Commission de reconstitution des actes de l'état civil pour le département de la Seine.	222
LAMOUREUX, propriétaire à Paris.	157
LAMAZOU, maire de Jurançon (Basses-Pyrénées).	304
LANGLOIS, ci-devant conseiller.	170
LANIER, prêtre de la paroisse de Saint-Merry de Paris	190
LA PLACE (Pierre DE).	182
* LA PLACE (Pierre-Simon, marquis DE), pair de France, membre de l'Académie des sciences et de l'Académie française. 179, 181,	182
LARGUÈZE (Antoine), docteur en médecine.	44
LA RIVIÈRE (Joseph-Yves-Thibault-Hyacinthe DE) sr de Kerauffret.	36
LA RIVIÈRE (Marie-Louise-Julie DE), marquise de La Fayette	36
LA ROCHEFOUCAULD (DE), propriétaire à Paris.	182
LA ROCHEFOUCAULD (DE), président du département de Paris	170
LASTEYRIE DU SAILLANT (Charles-Annet-Victorin DE)	170
LASTEYRIE DU SAILLANT (Charles-Louis-Jean-Gaspard DE).	170
LATY, conseiller de préfecture du département de la Seine	108
LAUNEY (Marie-Madeleine).	182
LAURENS (Louis-Antoine), avocat	44
LAURENT, maire d'Angerville-la-Rivière (Loiret).	88
LA VALLÉE (M.), prêtre, curé de Saint-Crépin de Château-Thierry (Aisne) . .	178
LE BAS (Jean-Baptiste), receveur des fermes du roi.	198
LEBAULT (Armand-René), employé.	218
LE BLEUX, adjoint au maire du VIe arrondissement municipal de Paris. . . .	28
LECAISNE (E.), officier de l'état civil de Saint-Quentin (Aisne).	156
LEFEBVRE (Édouard), maire de Versailles (Seine-et-Oise).	174
LEFORT (A.), maire du Ier arrondissement municipal de Paris. 36,	48
LEJEUNE, propriétaire à Paris	186
LEMARÉCHAL (D.), secrétaire de l'Assemblée nationale	170
LE MESLE (Jeanne-Marguerite), femme de Jacques Buron.	92
LEMEUT (Jeanne-Marie), femme de Michel Massé	214
LEMOLTPHALARY (Joseph-Hubert), homme de loi.	84
LE NORMAND (Charles), seigneur de Beaumont, maître de camp d'un vieil régiment, gouverneur de la Fère et premier maître d'hôtel du roi.	52
* L'ÉPÉE (Charles-Michel DE), prêtre du diocèse de Troyes, licencié en droit, instituteur gratuit des sourds-muets. 195, 197,	198
LEPELLETIER (Rosalie-Céleste-Bien-Aimée), seconde femme de Joseph Lacanal.	40
LE PEZANT (Pierre), secrétaire du roi.	32
LEQUEU, propriétaire.	198
LEROY, notaire à Paris.	84
LE ROY, prêtre vicaire de Saint-Pierre de Ham (Somme)	144
LEROY (Eugénie), femme de Jean Prince.	304
LESAGE (Charles-Hippolyte), adjoint au maire du IXe arrondissement municipal de Paris. 148,	214
LESCACHEUX (Denise), veuve de Sébastien Asselin	234
LESCARBOTTE (Magdeleine-Élisabeth).	76
LESPÉE (DE). Voy. L'ÉPÉE (DE).	

	Pages
Lettres, Opuscules et Mémoires de Mme Périer, éd. P. Faugère. — Paris, A. Vaton, 1845, in 8°.	60

LE VAYER (Paul), inspecteur des Travaux historiques de la Ville de Paris, 136, 140, 144, 148, 152, 157, 162, 166, 170, 170⁴, 174, 178, 182, 186, 190, 202, 206, 210, 214, 218, 222, 226, 230, 238, 242, 247, 252, 256, 276, 280, 284, 288, 292, 296, 300, 305

LÉVÊQUE (E.), conseiller municipal faisant fonction de maire de Saint-Malo (Ile-et-Vilaine) 124

LEVESQUE (Alfred), membre de la Commission de reconstitution des actes de l'état civil pour le département de la Seine 218

* LITTRÉ (Maximilien-Paul-Émile), sénateur, membre de l'Académie française. 93, 95, 96

LITTRÉ (Michel-François) 96

LOCKROY (Édouard), député 252

LONG (Paul), maire d'Hyères (Var) 260

LUSIGNAN (princesse DE) 252

LUSSON, architecte du marché Saint-Germain 299, 300

LUUYT, propriétaire à Paris 247

M

MACCHIRELLI-GIORDANI (Paolo, comte) 246

MACHELARD (Victor), maire de Choisy-le-Roi (Seine) 24

* *MAISON DU GRAND-COQ* 183, 185, 186

MALO (Mme), propriétaire à Paris 194

MANOY (A.), maire d'Hyères (Var) 260

* *MARCHÉ SAINT-GERMAIN* 299, 300

MARDUEL, prêtre, curé de Saint-Roch de Paris 166

MARDUEL (Marie-Julie-Clarisse), femme d'Augustin-Eugène Scribe 112

MAREUSE (Edgar), secrétaire du Comité des Inscriptions parisiennes. 136, 140, 144, 148, 152, 157, 162, 166, 170, 170⁴, 174, 194, 206, 210, 214, 218, 222, 226, 230, 238, 242, 247, 252, 256, 280, 284, 288, 292, 296 300

MARMION (Marie-Antoinette-Joséphine), femme de Louis-Joseph Berlioz ... 210

MARMOTTAN (Henri-Joseph), docteur en médecine, maire du XVIe arrondissement municipal de Paris 156, 246, 252

* MARTIN (Bon-Louis-Henri), sénateur, membre de l'Académie française, maire du XVIe arrondissement municipal de Paris 153, 155, 156, 157

MARTIN (Bon-Quentin), juge au Tribunal civil de première instance de Saint-Quentin 156

MARTIN (Marie-Geneviève), seconde femme de Louis-Hector Berlioz 210

* MASSÉ (Félix-Marie *dit* Victor), compositeur de musique, membre de l'Institut 211, 213, 214

MASSÉ (Michel), cloutier 214

MAUGIS-MARÉCHAL, commissaire 170

MAUSSABRÉ (Rose-Charles), femme de Joseph Nogerée 194

MAYER (F.), sous-préfet de l'arrondissement de Brioude (Haute-Loire) ... 36

MAYER (Zoë), femme de François-Marie *dit* Victor Massé 214

MÉDICIS (Catherine DE) 99

* MÉHUL (Étienne-Nicolas), compositeur de musique, membre de l'Institut et de l'École royale de musique 129, 131, 132

MÉHUL (Jean-François) 132

MELCHION (Marie), femme de Jean-Charles Durand 148

MÉNARD (Germain), employé 68

MÉNORVAL (Eugène DE LA GOUBLAYE DE), conseiller municipal, membre du Comité des Inscriptions parisiennes 136, 140

	Pages
Merlin, notaire à Paris	28
Mery d'Arcy (de)	152
Mesnard. Voy. Despois et Mesnard.	
Meung (Jean de). Voy. Jean de Meung.	
Mialaret (Marguerite-Athénaïs), seconde femme de Jules Michelet	260
Michelet (Jean-François-Furcy), imprimeur	256, 260
* Michelet (Jules), membre de l'Institut, professeur au Collège de France, 253, 255, 256, 257, 259	260
Mignard (Charles)	202
* Mignard (Pierre), peintre du roi	199, 201, 202
Mignard (Pierre)	202
Mignard (Rodolphe)	202
* Mignet (Alexis-François-Auguste), membre de l'Académie française, secrétaire perpétuel honoraire de l'Académie des sciences morales et politiques	145, 147, 148
Mignet (Jean-Alexis), serrurier	148
Mignolet (Anne), femme de Michel-François-Joseph Talma	108
Mignolet (Marie-Thérèse)	108
Millet (Angélique-Constance), femme de Jean-François-Furcy Michelet	256, 260
Millon (Antoine)	44
Millon (Marie-Euphrosine), femme de Jean-Baptiste-Augustin Parmentier	44
* Mirabeau (Gabriel Honoré Riquetti de), député à l'Assemblée nationale, membre du directoire du département de Paris, etc.	167, 169, 170
Mirabeau (Victor de Riqueti, marquis de), comte de Beaumont, seigneur du Bignon et autres lieux	170
Mocquard, notaire à Paris	190
* Molière (Jean-Baptiste Poquelin de), tapissier, valet de chambre ordinaire du roi	229, 230, 231, 233, 234, 235, 237, 238
Montrond (Marie de), femme de Benjamin de Chandieu	48
Moreau, officier public de l'état civil pour le VIe arrondissement de la Commune de Paris	256
* Moreau (Hégésippe), correcteur	219, 221, 222
Moreau (Pierre-Louis), maître général des bâtiments de la Ville de Paris	119
Morris, propriétaire à Paris	284
Moufle, prêtre, vicaire de Saint-Merry de Paris	88
Moulet (Anne), femme de J.-M.-J. Ingre	242
Munier, prêtre	24
Murat (Paul de), grand vicaire de Sens, aumônier de Madame la Dauphine, abbé de Mauriac	36
* Musset (Louis-Charles-Alfred de), membre de l'Académie française	65, 67, 68
Musset (Victor-Donatien)	68

N

Naigeon	166
Nast, maire du VIIIe arrondissement municipal de Paris	40
Nègre (François)	148
Nègre (Marie-Catherine-Benoîte), femme de J.-A. Mignet	148
Nilsson (Mme), propriétaire à Paris	162
Noailles (Marie-Adrienne-Françoise de), marquise de La Fayette	36
Nogerée, propriétaire	194
Nolleau (Adélaïde), femme de Jean-François Scribe	112
Nolleau (Marie-Victoire), épouse de François-Éléonore Aucante	112

	Pages
Normand (Jean-Baptiste)	206
Nouail (Pierre-Henry), grand-chantre et chanoine de l'église cathédrale, official et grand-vicaire de Saint-Malo	124

O

Opéra	135, 136
* Ouacre, l'un des douze héros parisiens de 886	225, 226

P

Paigt (Pierre), instituteur	304
Parent (Marie), femme de Me Symphorien Daumart	104
* Parloir aux Bourgeois (le)	1
* Parmentier (Antoine-Augustin), membre de l'Institut, inspecteur général du service de santé des camps et armées, premier pharmacien des armées, membre du conseil général d'administration des hôpitaux et hospices civils de Paris, président du conseil de salubrité près la préfecture de police, etc., etc.	41, 43, 44
Parmentier (Antoine-Mathieu), chef de bureau au conseil d'État	44
Parmentier (Jean-Baptiste-Augustin)	44
Parnageon (Pierre), maire d'Augerville-la-Rivière (Loiret)	88
* Pascal (Blaise)	58, 59, 60
Pascal (Blaize), conseiller du roi en la sénéchaussée et siège présidial d'Auvergne, à Clermont	60
Pascal (Étienne), conseiller élu pour le roi en l'élection d'Auvergne, à Clermont	60
Pascal (Mme Périer, née Gilberte)	60
Paschal. Voy. Pascal.	
Patural, maire du IIe arrondissement municipal de Paris	12
Pauquet de Villejust (Jean-Alexandre), adjoint au maire du Xe arrondissement municipal de Paris	182
Pecoul (Marguerite-Charlotte), femme de Jacques-Louis David	92
Pector (Jean-François), employé à Paris	182
Pensées de Pascal, édit. Havet, 1881	60
Périer (Mme). Voy. Gilberte Pascal.	
Perrault (L.), vicaire de Saint-Germain-l'Auxerrois, de Paris	92
Perrot, officier de l'état civil du VIIIe arrondissement municipal de Paris	84
Perrotin (Charles-Aristide), libraire-éditeur. :	28
Petit (Alexandre-Marie), maire du IIe arrondissement municipal de Paris	144
Petit de Bachaumont	99
Petyt (A.), adjoint au maire de Boulogne-sur-Mer	170 [4]
Philpin de Piépape (Nicolas-Joseph), chevalier, conseiller d'État, lieutenant général honoraire au bailliage de Langres	166
Picard-Ouvrard (Jean), agent municipal de la commune de Loches	194
Picard (Pierre-Augustin), marchand chandelier	84
Pichon (Marie-Louise-Nicole), femme d'André-Charles Caron	84
Picquenot, prêtre, dépositaire des registres et archives de la paroisse de Saint-Roch de Paris	198
Pierres (Louis-Joseph de)	194
Pillas, secrétaire en chef de la VIIIe mairie de Paris	84

		Pages
Pillon de la Tour (Marie).		44
Pilté, propriétaire à Paris.		256
Pingard (Jean), employé à l'Institut.		190
Pinguet, notaire à Paris.		198
Piogey, propriétaire à Paris.		206
Prady (Pierre-François), ex-commissaire des guerres.		144
Prevost, prêtre de la paroisse Sainte-Marguerite, de Paris.		152
Prevot (Jacques), marchand potier d'étain.		92
Poirson (Albert), adjoint au maire, officier de l'état civil du XVIe arrondissement municipal de Paris.		156
Polier de Bottens, doyen de Lausanne (Suisse).		48
Poquelin. Voy. Molière.		
* Porte aux Peintres. Voy. Porte Saint-Denis.		
* Porte de Nesle.		269, 271
* Porte Montmartre.		285, 287, 288
* Porte Saint-Denis.		281, 283, 284
* Porte Saint-Jacques.		265, 267
* Porte Saint-Marcel.		273, 275, 276
* Porte Saint-Victor.		289, 291, 292
Portes (Adolphe-François-René, marquis de).		182
Possoz (Jean-Frédéric), ancien maire de Passy, membre du Conseil municipal de Paris.		246
Pouchot (Léonard), marchand gantier.		152
Pouêtre, adjoint au maire de Beaumont-en-Auge (Calvados).		182
Poulin, adjoint au maire du XIIe arrondissement municipal de Paris		68
Poupart.		170
Pouquelin. Voy. Poquelin.		
Pouquelin (Jean), tapissier.		234
Pouquelin (Jean), porteur de grains.		234
Pourtier (Claudine-Gertrude), femme de François Delestour.		24
* Prince (Alexandre), matelot de 2e classe de la marine nationale.		301, 303, 304, 305
Prince (Jean), charron.		304
Putod (Guillaume), employé au bureau de la mairie de Bourg (Ain)		174
Puylignieux (Dominique-Antonin de), chevalier, conseiller du roi en tous ses conseils, premier président à la souveraine Cour des aides et finances de Montauban.		242
Puylignieux (Jeanne-Marie de).		242
Pydou (Françoise), femme de Charles de la Fontaine.		198

Q

Quatremère fils, représentant de la Commune de Paris.		198
Queruelle, adjoint au maire de la ville de Caen (Calvados).		206
* Quinet (Jean-Louis-Edgar), député de la Seine.		171, 173, 174
Quinet (Jérôme), Commissaire des guerres.		174

R

* Rabelais (François).		69, 71
Rabutin (Celse-Bénigne de), baron de Chantal.		52
Ramel (Dominique-Vincent), avocat.		92

	Pages
Ramel (Delphine), femme de Jean-Auguste-Dominique Ingres.	242
Ratisbonne (Louis), homme de lettres.	194
Raucourt-Deviliers (de), secrétaire de l'Assemblée nationale	170
Raut (Joseph), marin.	214
Raviart, maire de Montdidier (Somme).	44
Recourdon (Jean-François), receveur des contributions	210
Rémond (Placide-André), agent d'affaires.	68
Renaud (Armand), inspecteur en chef des Beaux-Arts et des Travaux historiques de la Ville de Paris. 194, 238, 242, 247, 252, 256, 280, 284, 288, 292, 296, 300.	305
Renaudot (Théophraste), fondateur de la *Gazette*	185
Rey (Madeleine), femme de J. Vaucanson.	152
Ricbourg (P.), maire du IVe arrondissement municipal de Paris.	218
Rigollet, prêtre, vicaire à Langres (Haute-Marne).	166
Rinard, propriétaire à Paris	210
Rio, adjoint délégué à l'état civil de Lorient (Morbihan).	214
Robert, notaire à Paris.	40
Rosat (Anne-Marie-Charlotte), femme de Jérôme Quinet.	174
Rossini (Giovacchino).	246
* Rossini (Giovacchino-Antonio), compositeur de musique, membre de l'Institut.	243, 245 246
Rossini (Giuseppe).	246
Rouget (Claude-Ignace), avocat au Parlement.	24
* Rouget de Lisle (Claude-Joseph), ancien capitaine du génie	21, 23, 24
Roullier (Ferdinand), notaire, juge de paix suppléant d'Hyères (Var).	260
Roure (Auguste-Pierre-Jean-François-Marie de), bachelier.	242
Rousseau (Jean-Jacques), maire du IIIe arrondissement municipal de Paris,	190
Rousseau (Pauline), première femme de Jules Michelet	260
Roussel (Jean-Baptiste-Pierre)	40
Roussel, prêtre, vicaire de Saint-Pierre, de Clermont-Ferrand	60
Rozière (de), adjoint au maire du XIIe arrondissement municipal de Paris.	68
Ruel de Forge (Georges-François-Edmond), ancien commissaire du Gouvernement provisoire, ancien sous-préfet.	12

S

* Sainte-Beuve (Charles-Augustin), sénateur, membre de l'Académie française.	170[1], 170[3], 170[4]
Sainte-Beuve (Charles-François), contrôleur principal des droits réunis de l'arrondissement, directeur de l'octroi rural et de l'octroi municipal de Boulogne.	170[4]
Saint-Joanny (Dominique-Gustave), archiviste du département de la Seine. 12, 28, 36, 40, 44, 48, 68, 84, 88, 96, 144, 182, 190, 198, 218, 222.	65
Saint-Martin, secrétaire de l'Assemblée nationale	170
Salazar (Tristan de), archevêque de Sens.	127
Salenave (Frédéric), maire de la commune de Jurançon (Basses-Pyrénées).	304
* Salle du Manège (ancienne).	5
Salvert (François, comte de), écuyer, s^r de la Motte, d'Arson, de la Tour, du Lut et autres lieux, écuyer commandant des écuries de la reine.	152
Saussure (Rose de), veuve de Samuel Constant.	48
Sautreaux (Ch.), adjoint au maire de la Côte-Saint-André (Isère)	210
Sciout, membre de la Commission de reconstitution des actes de l'état civil pour le département de la Seine	28
Scribe (Antoine-Augustin), ancien négociant.	112

* Scribe (Augustin-Eugène), membre de l'Académie française. 109, 111, 112
Scribe (Jean-François), marchand d'étoffes de soie. 112
* Seuil, l'un des douze héros parisiens de 886. . . . . 225, 226
Semproni (Catterina), femme Giovanelli. 246
* Sévigné (Marie de Rabutin-Chantal, marquise de) 49, 51, 52, 53, 55
Smithson (Henriette), première femme de Louis-Hector Berlioz. 210
Sochon (Marie-Anne), femme de Pierre de La Place. 182
Stapleaux (Michel-Ghislain), artiste peintre. 92

T

* Talma (François-Joseph), artiste dramatique. 105, 107, 108
Talma (Michel-François-Joseph), valet de chambre. 108
Talma (Philippe-Joseph), cuisinier. 108
* *Théâtre de Guénégaud.* 133, 135, 136
* *Théâtre de l'Académie royale de musique* . . . . 117, 119, 119 bis
* *Théâtre du Palais-Cardinal.* . . . . 119 bis
Thibaud (Xavier), adjoint au maire de la ville d'Aix (Bouches-du-Rhône). . . 148
Thibault (Marie-Jeanne), femme de Philippe-Joseph Gorneau 88
Tillet (Mathieu), de l'Académie royale des sciences. 152
Tisserand (Lazare-Maurice), membre du Comité des Inscriptions parisiennes. 198, 202
Tissereaux, commissaire. 170
Trébuchet (Sophie-Françoise), femme de Joseph-Léopold-Sigisbert Hugo. . . 252
Tronchet, président de l'Assemblée nationale. 170
Trouvain (Pierre-Antoine), employé. 68
Tollu, notaire à Paris. 44
* *Tour de Nesle.* Voy. *Porte de Nesle.*
* *Tour du Mont-de-Piété.* 261, 263
Trebucq (Jean-Félix), instituteur. 304
Troupe de Molière. . . . . 119 bis, 135, 136, 139, 140
Troupe du Marais. 135, 136

V

Vacquer (Louis), membre du Comité des Inscriptions parisiennes. 284, 288, 292, 296, 300. 305
Valabrègue (Jules), adjoint au maire du VIe arrondissement municipal de de Paris. . . . . 170 [4]
Van Gameren (Joseph), officier de l'état civil de Bruxelles. 92
Vanhove (Caroline), femme de François-Joseph Talma. 108
Vaquez (Sylvestre-Léon), adjoint au maire du XVIe arrondissement municipal de Paris. 156
Vassan (Marie-Geneviève de), marquise de Mirabeau. 170
* Vaucanson (Jacques), de l'Académie royale des sciences 149, 151, 152
Vaucansson (de). Voy. Vaucanson.
Verdier, médecin à Paris. 190
Viau (L.), membre de la Commission de reconstitution des actes de l'état civil pour le département de la Seine. 84
Vidal, curé de la paroisse de Saint-Roch de Chavagnac (Haute-Loire). . . . 36
Vie de B. Pascal, par Mme Perrier, éd. Havet, 1881. 60

	Pages
VIEL (Ed.), maire de la ville de Grenoble (Isère)	152
VIGNERON (Angélique), femme de Didier Diderot	166
VIGNERON (Claire)	166
* VIGNY (Alfred-Victor, comte DE), membre de l'Académie française.	191, 193, 194
VIGNY (Léon-Pierre DE)	194
VILLER-MAWLAZ (Marie-Thérèse-Émilie), troisième femme de Pierre-Augustin Caron-Beaumarchais	84
VINCENT (Françoise-Adélaïde-Esprit), femme de Jean-Baptiste-Daniel Auber.	206
VINCENT (Françoise-Sophie)	206
VISBECQ (Élisabeth-Joachim), femme de Florent-Sébastien Foi	144
VOCANSON. Voy. VAUCANSON.	
VOCANSON (Jacques), marchandgantier	152
VOÏART (Jacques-Philippe)	24
* VOLTAIRE (François-Marie AROUET)	101, 103, 104

Y

YVER, adjoint au maire du IXe arrondissement municipal de Paris	148
YVER (Henri-Joseph), notaire honoraire	206

W

WATTEBLED (Geneviève-Madeleine), deuxième femme de Pierre-Augustin Caron-Beaumarchais	84
WECKERLIN (Jean-Baptiste), compositeur de musique	206
WISSOCQ (François-Xavier-André), magistrat de sûreté et ancien juge au Tribunal d'appel de Douai	170 [4]

TABLE DES INSCRIPTIONS

	Pages
AUBER	205
Pièces justificatives	206
BARYE	217
Pièces justificatives	218
BASTILLE (LA)	15
BAUDIN	11
Pièces justificatives	12
BEAUMARCHAIS	83
Pièces justificatives	84
BÉRANGER	27
Pièces justificatives	23
BERLIOZ	209
Pièces justificatives	210
BERRYER	87
Pièces justificatives	88
BOUGAINVILLE	189
Pièces justificatives	190
CHATEAUBRIAND	123
Pièces justificatives	124
CHATELET	115
CHÉNIER (ANDRÉ)	63
COLIGNY	161
Procès-verbal d'apposition de plaque commémorative	162
CONDORCET	19
CONSTANT (BENJAMIN)	47
Pièces justificatives	48
CORNEILLE	31
Pièces justificatives	32
DAVID	91
Pièces justificatives	92
DESMOULINS (CAMILLE)	75
Pièces justificatives	76
DIDEROT	165
Pièces justificatives	166
DOUZE HÉROS PARISIENS DE 886 (LES)	225
Procès-verbal d'apposition de plaque commémorative	226
ENCEINTE BASTIONNÉE DE PARIS (XVIᵉ-XVIIᵉ siècles) :	
— PORTE DE LA CONFÉRENCE	279
Procès-verbal d'apposition de plaque commémorative	280
ENCEINTE DE PARIS, DITE DE PHILIPPE-AUGUSTE :	
— PORTE DE NESLE	271
— PORTE MONTMARTRE	287
Procès-verbal d'apposition de plaque commémorative	288
— PORTE SAINT-DENIS, DITE PORTE AUX PEINTRES	283
Procès-verbal d'apposition de plaque commémorative	284

TABLE DES INSCRIPTIONS

	Pages
ENCEINTE DE PARIS, DITE DE PHILIPPE-AUGUSTE :	
— PORTE SAINT-JACQUES.	267
— PORTE SAINT-MARCEL.	275
Procès-verbal d'apposition de plaque commémorative.	276
— PORTE SAINT-VICTOR.	219
Procès-verbal d'apposition de plaque commémorative.	292
— TOUR DU MONT-DE-PIÉTÉ.	263
FOIRE SAINT-GERMAIN.	299
Procès-verbal d'apposition de plaque commémorative.	300
FOIRE SAINT-LAURENT.	295
Procès-verbal d'apposition de plaque commémorative.	296
FOY.	143
Pièces justificatives.	144
HOTEL DE SENS.	127
HOTEL DE SOISSONS.	99
HUGO (Victor).	251
Pièces justificatives.	252
INGRES.	241
Pièces justificatives.	242
JEAN DE MEUNG.	79
JEU DE PAUME DE LA CROIX-NOIRE.	229
Procès-verbal d'apposition de plaque commémorative.	230
JEU DE PAUME DES MESTAYERS.	139
Procès-verbal d'apposition de plaque commémorative.	140
LA FAYETTE.	35
Pièces justificatives.	36
LA FONTAINE.	177
Pièces justificatives.	178
LAKANAL.	39
LA PLACE.	181
Pièces justificatives.	182
L'ÉPÉE (Abbé de).	197
Pièces justificatives.	193
LITTRÉ.	95
Pièces justificatives.	96
MAISON DU GRAND-COQ.	185
Procès-verbal d'apposition de plaque commémorative.	186
MARTIN (Henri).	155
Pièces justificatives.	156, 157
MASSÉ (Victor).	213
Pièces justificatives.	214
MICHELET — I.	255
Pièce justificative.	256
MICHELET — II.	259
Pièce justificative.	260
MIGNARD.	201
Pièces justificatives.	202
MIGNET.	147
Pièces justificatives.	148
MIRABEAU.	169
Pièces justificatives.	170
MÉHUL.	131
Pièces justificatives.	132
MOLIÈRE — I.	233
Pièces justificatives.	234
MOLIÈRE — II.	237
Procès-verbal d'apposition de plaque commémorative.	238

TABLE DES INSCRIPTIONS

	Pages
MOREAU (Hégésippe)	221
Pièces justificatives	222
MUSSET (Alfred de)	67
Pièces justificatives	68
PARLOIR AUX BOURGEOIS (LE)	3
PARMENTIER	43
Pièces justificatives	44
PASCAL	59
Pièces justificatives	60
PRINCE	303
Pièces justificatives	304, 305
QUINET (Edgar)	173
Pièces justificatives	174
RABELAIS	71
ROSSINI	245
Pièces justificatives	246, 247
ROUGET DE LISLE	23
Pièces justificatives	24
SAINTE-BEUVE	170 [2]
Pièces justificatives	170 [4]
SALLE DU MANÈGE (ANCIENNE)	7
SCRIBE	111
Pièces justificatives	112
SÉVIGNÉ (Mme de) — I	51
Pièces justificatives	52
SÉVIGNÉ (Mme de) — II	55
TALMA	107
Pièces justificatives	108
THÉATRE DE GUÉNÉGAUD	135
Procès-verbal d'apposition de plaque commémorative	136
THÉATRE DE L'ACADÉMIE ROYALE DE MUSIQUE	119
THÉATRE DU PALAIS-CARDINAL	119bis
VIGNY (Alfred de)	193
Pièces justificatives	194
VAUCANSON	151
Pièces justificatives	152
VOLTAIRE	103
Pièces justificatives	104

TABLE DES PLANCHES

Dessins de Lansyer

		Pages
I.	Maison devant laquelle est tombé BAUDIN, 151, rue du Faubourg-Saint-Antoine.	10
II.	— où CONDORCET a composé son dernier ouvrage, 15, rue Servandoni.	18
III.	— mortuaire de ROUGET DE LISLE, 6, rue des Vertus, à Choisy-le-Roi (Seine).	22
IV.	— mortuaire de BÉRANGER, 5, rue Béranger.	26
V.	— mortuaire de LA FAYETTE, 6, rue d'Anjou.	34
VI.	— mortuaire de LAKANAL, 10, rue de Birague.	38
VII.	— mortuaire de PARMENTIER, 68, rue du Chemin-Vert.	42
VIII.	— mortuaire de Benjamin CONSTANT, 29, rue d'Anjou-Saint-Honoré.	46
IX.	— natale de Mme DE SÉVIGNÉ, 11$^{b.s}$, rue de Birague (façade sur la place des Vosges).	50
X.	HOTEL CARNAVALET, résidence de Mme DE SÉVIGNÉ de 1677 à 1696, rue de Sévigné.	54
XI.	Maison habitée par André CHÉNIER en 1793, rue de Cléry.	62
XII.	— mortuaire d'Alfred DE MUSSET, 6, rue du Mont-Thabor.	66
XIII.	— habitée par Camille DESMOULINS en 1792, 1, place de l'Odéon.	78
XIV.	— habitée par BERRYER de 1816 à 1868, 64, rue des Petits-Champs.	86
XV.	— mortuaire de LITTRÉ, angle des rues de Fleurus et d'Assas.	94
XVI.	— mortuaire de VOLTAIRE, angle du quai Voltaire et de la rue de Beaune.	102
XVII.	— mortuaire de TALMA, 9, rue de la Tour-des-Dames.	106
XVIII.	— mortuaire de SCRIBE, 12, rue Pigalle.	110
XIX.	— mortuaire de CHATEAUBRIAND, 120, rue du Bac.	122
XX.	HOTEL DE SENS, 1 rue du Figuier-Saint-Paul.	126
XXI.	Maison mortuaire de MÉHUL, 28, rue Montholon.	130
XXII.	— mortuaire du général FOY, 62, rue de la Chaussée-d'Antin.	142
XXIII.	— mortuaire de MIGNET, 14, rue d'Aumale.	146
XXIV.	— mortuaire de VAUCANSON, 51, rue de Charonne.	150
XXV.	— mortuaire d'Henri MARTIN, 38, rue Vital.	154
XXVI.	— mortuaire de DIDEROT, 39, rue de Richelieu.	164
XXVII.	— mortuaire de MIRABEAU, 42, rue de la Chaussée-d'Antin.	168
XXVIII.	— mortuaire de SAINTE-BEUVE, 11, rue du Montparnasse.	170 [2]
XXIX.	Résidence d'Edgar QUINET, de 1840 au 2 décembre 1851, 32, rue du Montparnasse.	172
XXX.	Maison mortuaire de LA PLACE, 108, rue du Bac.	180
XXXI.	— mortuaire de BOUGAINVILLE, 5, rue de la Banque.	184
XXXII.	— mortuaire d'Alfred DE VIGNY, 6, rue des Écuries-d'Artois.	192

TABLE DES PLANCHES

		Pages
XXXIII.	Maison mortuaire de MIGNARD, 23bis, rue de Richelieu	200
XXXIV.	— mortuaire d'AUBER, 22-24, rue Saint-Georges.	204
XXXV.	— mortuaire de BERLIOZ, 4, rue de Calais	208
XXXVI.	— mortuaire de Victor MASSÉ, 1, cité Frochot.	212
XXXVII.	— mortuaire de BARYE, 4, quai des Célestins.	216
XXXVIII.	— natale d'Hégésippe MOREAU, 9, rue Saint-Placide.	220
XXXIX.	— mortuaire d'INGRES, 11, quai Voltaire.	240
XL.	— habitée par ROSSINI de 1857 à 1868, 2, rue de la Chaussée-d'Antin.	244
XLI.	— mortuaire de Victor HUGO, 124, avenue Victor-Hugo.	250
XLII.	— natale de MICHELET, 14, rue de Tracy.	254
XLIII.	— habitée par MICHELET, 76, rue d'Assas	258

www.ingramcontent.com/pod-product-compliance
Lightning Source LLC
Chambersburg PA
CBHW060506170426
43199CB00011B/1348